10e SÉRIE.

LE MIKADO MOUSTS'HITO,

d'après une photographie.

LE JAPON

PAR

UN MISSIONNAIRE.

Société de Saint-Augustin,

DESCLÉE, DE BROUWER et Cie,

1895.

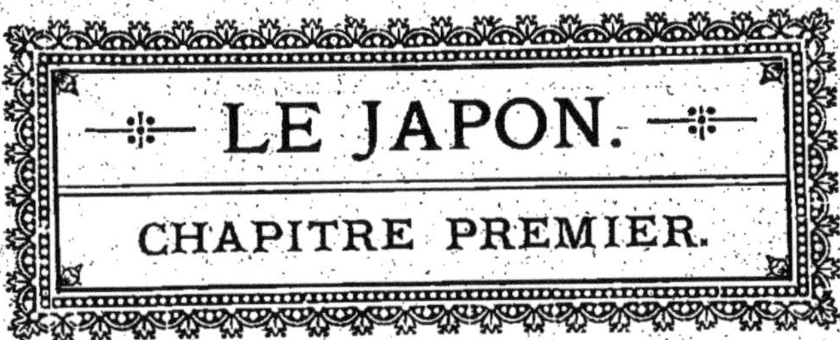

LE JAPON.

CHAPITRE PREMIER.

Nom. — Pays. — Description. — Climat. — Volcans.

ES Japonais appellent leur pays Nippon ou Ni-hon et ordinairement Daï Nippon, « le Grand-Nippon ». C'est tout à fait arbitrairement que les Européens ont appliqué ce nom de tout l'Empire à l'île principale de l'archipel.

Le Japon se compose de quatre grandes îles : Nippon, la plus grande, que les Japonais nomment simplement le Honds, Honsion, Honsima ou Hontsi, « le district », « la contrée », « l'île », ou « la terre principale »; puis Sikok, « les quatre contrées » ; Kiousiou, « les neuf provinces » ; et Yéso, « le pays des sauvages », « la terre des barbares ».

A ces quatre terres qui forment le continent japonais, le noyau de l'empire, et dont les trois premières en constituent la force politique et nationale, s'ajoutent un nombre infini d'îlots émergés entre Nippon, Sikok et Kiousiou dans la mer intérieure; deux longues rangées d'îles japonaises relient les principales terres du Japon aux autres terres de l'Asie orientale : au N. le collier des Kouriles, les Tsi-sima ou « mille Iles » des Japonais, rattache l'extrémité N.-E. de Yéso à la pointe de la presqu'île sibérienne de Kamtchatka ; au S., l'archipel Cécile (Sitsi-tô des

Japonais), continué par le collier des Liou-Kiou ou Lou-tchou, c'est-à-dire « le Joyau », unit l'extrémité méridionale de Kiou-siou à la grande île chinoise de Formose.

L'archipel entier mesure à vol d'oiseau, du nord au sud, à peu près 4,000 kilomètres.

*
* *

Jetons maintenant un coup d'œil rapide sur ce pays et décrivons-le brièvement.

En face du continent d'Asie aux masses compactes, aux épais contours, aux formes pleines, le Japon égrène ses îles déliées et fines, et ses îlots ajourés comme une dentelle. Élégante frange des terres asiatiques rattachée au continent par le Kamtchatka et par Formose, il se déploie du nord-est au sud-ouest en dessinant trois festons d'un rythme parfait. Le feston central, beaucoup plus fourni, plus ample de proportions que les deux autres, est le Japon proprement dit ; des sommets sous-marins l'attachent au continent par la longue île — presque péninsule — de Sakhalin au nord et par la presqu'île de Corée au sud.

A son centre, où il acquiert précisément sa plus grande largeur, il se brode de ses plus hautes montagnes ; il s'épaissit et se rehausse à la fois, et, tout à côté de sa maîtresse cime, le mont Fouzi-yoma, il a sa ville capitale, Tokio.

La côte orientale de l'Asie harmonise ses contours avec ceux de l'archipel.

Aux échancrures régulières des trois festons japonais correspondent par un rythme frappant trois profondes dentelures du rivage continental, et trois mers occupent l'écartement des côtes. La chaîne des Kouriles se referme sur la mer d'Okhotsk ; le Japon proprement dit, sur la mer du Japon ; les Liou-kiou, sur la mer de Chine. Enfin pour que rien ne manque à l'harmonie de cette configuration, de ces trois mers littorales, c'est celle du milieu, la mer du Japon, qui a la cavité la plus profonde.

Par un frappant contraste avec ces mers intérieures des côtes du Japon, l'Océan Pacifique descend rapidement par pentes abruptes à de sombres profondeurs.

Tout près du rivage, le lit océanique plonge en brusque talus à 4000 et 6000 mètres, et c'est là que se trouve le gouffre le plus profond que l'on connaisse.

Formé d'une rangée d'îles que baigne le plus grand océan du globe et dont aucun point n'est éloigné de plus de 100 ou 120 kilomètres de la mer, le Japon doit avoir un climat absolument océanique. Toutefois ce climat est considérablement modifié par le voisinage du plus grand des continents.

Il présente les quatre saisons se succédant dans le même ordre et aux mêmes époques qu'en Europe. Le climat est dur sur les côtes Est et Nord du Yeso qui sont exposées aux courants asiatiques, il est doux à mesure qu'on avance vers le sud. C'est ainsi qu'en hiver le thermomètre marque en moyenne 3° 5 à Hakodaté au sud du Yeso et 6° 5 à Nagasaki.

***

Les montagnes sont nombreuses au Japon et quelques-unes des plus hautes cimes sont des volcans souvent en activité.

Ces cratères d'éruption ne suffisent pas sans doute au dégagement des vapeurs emprisonnées dans le sous-sol, car le Japon a été de tout temps très éprouvé par les tremblements de terre. « Ils y sont si fréquents, dit Kaempfer, que les naturels du pays s'en alarment aussi peu qu'on fait en Europe des éclairs et du tonnerre. »

C'est un thème à dictons, celui-ci par exemple : « Tremblement de terre de 9 heures, signe de maladie; de 5 et de 7 heures, signe de pluie ; de 4 heures, signe de temps sec ; de 6 et de 8 heures, signe de vent. » D'après la tradition populaire, le Japon repose sur le dos d'un grand namazou ; les tremblements de terre sont produits par les mouvements du namazou, auquel son fardeau devient insupportable.

Il semble même que les secousses et les vibrations du sol ont augmenté en fréquence pendant les derniers siècles, et l'on peut dire qu'il y a toujours une partie du Japon qui tremble.

Kaempfer relate parmi les plus terribles les tremblements de terre de 1586 et de 1703 ; le XVIIe siècle en a vu dix ; le XVIIIe, treize ; le XIXe, déjà quinze: Bernon énumère 54 commotions terribles de 639 à 1854.

Celui du 23 décembre 1854 restera au nombre des plus mémorables. Les maisons de Yédo furent soulevées de deux pieds au-dessus du sol, et plusieurs milliers de personnes périrent en moins d'une demi-heure. Les deux cités de Yédo et Kioto ont particulièrement souffert de ces cataclysmes.

Fréquemment pendant ces commotions, la mer envahit une partie du littoral! Le tremblement de terre de 1854 a été accompagné d'un raz de marée fameux, dont les phénomènes ont pu être bien observés dans la baie de Simoda.

La Diana, frégate russe à l'ancre dans le port, aperçut au large une grande vague qui pénétra dans la baie, et, se ruant sur la plage, submergea la ville. Tout fut détruit. Il ne resta debout que les murailles d'un temple. Des vagues de la même grandeur se succédèrent depuis le matin jusque dans l'après-midi.

La frégate, après avoir touché cinq fois le fond dans les oscillations du flot, finit par sombrer.

Dans l'espace de cinq minutes, l'eau baissa de 8 m. à 1 m. Une grande quantité de jonques furent brisées sur le rivage. On retrouva les débris de l'une d'elles à plus de 3 kilomètres dans l'intérieur des terres.

CHAPITRE II.

Fleuves et Lacs.

EN sa qualité de pays insulaire, aux formes très allongées et fluettes, avec des baies profondes, et, pour ainsi dire, tout en côtes, le Japon ne peut avoir d'amples bassins et de rivières au long parcours.

Toutefois, grâce à l'orientation des vallées et à la direction des chaînes dans le nord et le centre de la grande île, les torrents, souvent larges et profonds, ont plus de développement qu'on ne s'y attendrait tout d'abord.

Le Sinano-Gava est le plus long et le plus abondant des fleuves japonais. Formé d'une belle rivière, le Tsikouma-Gava, grossie du Saï-Gava, il coule vers le nord-nord-est, presque parallèlement à la côte et décrit un parcours de 350 à 400 kilomètres. Bien que navigable dans le bas de son cours pour les embarcations qui tirent moins d'un mètre d'eau, et remonté par les bateaux à vapeur de Niigata sur ses 75 derniers kilomètres, il rend peu de services à la navigation, à cause des bancs de sable et des bas-fonds qui obstruent son lit. La barre est si difficile, que les navires doivent mouiller à près de deux kilomètres au large, dans la rade foraine de Niigata, au risque d'être jetés à la côte par les vents d'ouest et de nord-ouest qui prédominent en hiver dans ces parages ; ils ne peuvent communiquer avec la ville que par des sampans.

En 1872, les Japonais, voulant faire au fleuve une bouche artificielle, ont commencé à creuser un canal à travers les dunes, à 70 kilomètres environ en amont de son embouchure naturelle à Niigata. Mais le travail a été abandonné avant complet achèvement.

Un peu moins long que lui avec ses 270 ou 280 kilomètres de cours comptés au compas, 340 ou 380 peut-être au fil de l'eau, le Toné-Gava a sur le Sinano l'avantage de posséder un réseau d'affluents plus serré dans un bassin plus ample.

Il recueille tous les torrents du versant oriental de la chaîne de l'Asama-yama, qui sépare son bassin de celui du Sinano, et dans son cours inférieur il se grossit encore des ruisseaux du massif de Nikko.

La ceinture de montagnes n'est franchie qu'à la hauteur de 1200 à 1300 mètres par les chemins qui vont de sa vallée dans la vallée voisine.

Cette plaine féconde est la plus étendue du Japon ; elle se nomme Mouzasi.

« Dans la plaine de Mouzasi, dit un vieux poème japonais, il n'est pas de tertre derrière lequel, à son lever ou à son coucher, puisse se cacher la lune, quand les blanches vapeurs enveloppent la pointe des herbes. »

Plus tard, le Toné-Gava se ramifie : l'un de ses bras, le plus court, tournant au sud, va tomber dans la baie de Yédo, tandis que l'autre, continuant vers l'est, traverse, pour aller se jeter directement dans le Pacifique, une vaste région de lacs, de lagunes littorales, de terres mal assainies et de marécages. Tout ce pays a été formé peu à peu par des alluvions et par une poussée du sol, ancien lit marin, dont la baie de Yédo n'est qu'un reste.

Le Toné-Gava, d'ailleurs, n'a pas cessé de travailler ; les apports du fleuve se déposent au devant des embouchures, et dans la baie comme dans l'océan, près de Yédo, sa bouche s'ouvre à l'extrémité d'une pointe, entre deux becs de limons, de vases ou de terres basses.

* *

Le plus grand lac du Japon est le lac Biva, d'où sort le Yodo-Gava. C'est dans la région voisine de ses rives et sur les bords du fleuve qui s'en écoule que s'est formée la nationalité japonaise.

L'ancienne capitale, Kiôto, s'est développée à quelques kilomètres de son extrémité méridionale. D'après une antique tradition, ce vaste réservoir aurait été creusé au même moment qu'aurait surgi le Fouzi-yama, lors d'un cataclysme arrivé l'an 285 avant notre ère.

Mais bien avant cette époque, il est déjà question de cette « mer d'eau douce ».

« Au point de vue des paysages, Biva n'a rien certes à envier aux lacs les plus renommés de l'Europe, et présente une certaine analogie avec le lac Majeur. Son extrémité sud-ouest est bordée de montagnes boisées au-dessus desquelles s'élève Hiyei-zan, au sommet couronné de monastères bouddhiques.

« Du côté de Hikoné, des collines admirablement cultivées forment un paysage accidenté et riant, tandis que sur la rive opposée l'horizon s'élargit, des tranchées naturelles s'échelonnent en amphithéâtre à perte de vue, et, dans le lointain, les montagnes bleuâtres forment un fond de tableau admirable de ligne et de couleur.

« En automne, lorsque le vend du nord-est a purifié l'air en charriant vers la mer cet excès de vapeurs qui au printemps et en été assombrissent le ciel du Japon, l'on retrouve ici les belles teintes d'émeraude et de turquoise qui, sous nos latitudes, forment l'apanage exclusif du lac de Genève par une belle journée de septembre. »

CHAPITRE III.

Les bois du Japon. — Les essences résineuses. — Les chênes. — Les châtaigniers. — La fête des cerisiers. — Les fleurs.

LA végétation de l'archipel japonais traverse comme la nôtre, les phases de quatre saisons, et, dans chacune d'elles, le paysage a une physionomie différente.

La période de végétation dure de six à sept mois, de la fin mars ou du commencement d'avril jusqu'au commencement d'octobre où à la mi-octobre; la sève, même celle des arbres verts, est arrêtée pendant la saison froide.

La flore des hauts sommets du Japon, dont le caractère propre paraît être un mélange de plantes des forêts septentrionales du vieux continent, du Canada, de la région polaire avec quelques espèces alpines, est originaire de la Sibérie orientale et du Kamtchatka; les violentes et froides moussons et les courants marins de l'hiver l'ont entraînée peu à peu vers le sud, les vents des vallées l'ont refoulée sur les hauteurs.

Sur le Fouzi-yama la limite des arbres est à 2225 mètres et celle des broussailles à 2450 mètres.

De tous les monts japonais, c'est sur le Hakou-san ou mont Blanc que les botanistes ont découvert la plus grande variété d'espèces végétales.

Du sud au nord, de Liou-kiou aux Kouriles, les limites de végétation des diverses plantes se succèdent irrégulièrement. Mais les Kouriles du sud ont encore dans toutes leurs vallées abritées, des bouleaux, des peupliers et des saules.

Quant aux îles septentrionales, une étroite lisière verte sur le rivage est toute leur végétation. A travers les brouillards épais qui les enveloppent, plusieurs d'entre elles se dressent lugubres, noires et nues.

***

Parmi les essences forestières, qui sont très nombreuses, les plus belles et les plus appréciées des Japonais sont les essences résineuses. Ce sont elles qu'ils emploient à l'exclusion de toutes autres dans la construction de leurs maisons : elles poussent vite, se travaillent à peu de frais, peuvent se débiter en planches plus minces que les bois feuillus, jouent peu avec les variations hydrométriques, et, enfin, sont hydrofuges, qualité des plus précieuses sous un ciel aussi pluvieux, et dans un pays où l'on n'emploie ni peinture ni vernis.

Les bois résineux servent aussi à fabriquer tout le matériel de la vie japonaise, tonnellerie, barillage, emballages, meubles, ustensiles de ménage.

Si les bois feuillus sont employés pour la confection de quelques objets, comme les lances, les arcs, les flèches, les charrues, les avirons, les essieux, les planchettes en bois servant de chaussures, certains coffrets, et meubles de luxe, on peut dire, en règle générale, que les résineux sont les seuls bois de travail employés au Japon.

Les essences résineuses sont représentées principalement par le groupe des pins et des momis (sapins), celui des hinoki, les songhi (Criptomeria japonica), et divers autres. Les pins et les sapins règnent sur le littoral à l'exclusion des autres résineux.

Mais dans les régions montagneuses, les sapins sont graduellement éliminés.

La résistance de ces bois, comme aussi d'ailleurs des bois feuillus du Japon, est très grande; celle des hinoki est particulièrement remarquable. Les expériences faites à l'arsenal de Yokoska sur les principales essences, en suivant le mode d'opérer en usage à l'arsenal de Toulon, « permettent d'affirmer que les bois du Japon tiennent un des premiers rangs dans l'échelle des qualités ([1]) ».

Les Japonais introduisent le pin noir dans presque tous leurs jardins; ils s'appliquent alors à le maintenir petit, chétif, et à lui donner des formes bizarres, à figurer, par exemple, un tronc en hélice portant des branches horizontales disposées en marche d'escalier.

Ils sont passés maîtres dans l'art de modérer la végétation et de la diriger à leur gré. Ils produisent pour l'ornement de leurs maisons des miniatures de pins analogues à celles de leurs jardins et qui n'ont pas même la hauteur de la main.

---

1. Dupont.

Le hinoki, littéralement « arbre du soleil »,
est l'arbre de prédilection des Japonais ; il doit
la faveur dont il jouit autant aux qualités de son
bois qu'à son effet ornemental.

La religion sintô le considère comme un arbre
sacré ; les portiques et les temples de ce culte
sont construits entièrement avec son bois, à l'exclusion de toute autre essence d'arbre, de tuiles
ou de métaux.

Le hinoki « l'arbre à feu », était jadis employé pour obtenir le feu par le frottement. On
le cultive sur le littoral, mais il pousse surtout
entre 400 et 1400 mètres d'altitude. Il forme
seul, ou avec des chênes, de magnifiques futaies
naturelles. On en a mesuré qui atteignaient en
futaie 2 m. 80 de circonférence et 18 m. de hauteur sous branches. Élancé, parfaitement droit, sans
défauts, c'est le plus bel arbre des forêts du Japon.
Isolés auprès des temples, on en rencontre qui
ont jusqu'à 4 m. 50 de tour ; mais noueux, souvent tors, ils n'ont pas le port, la rectitude
parfaite des arbres de futaie. Cultivé, il peut
dépasser 32 mètres.

Les Japonais aiment l'aspect de son bois ;
aucun n'est plus doux au toucher, plus velouté ;
l'absence de vernis en conserve apparente la
finesse de grain. Le palais du mikado, à Kiôto,
est couvert en lames de bois de hinoki.

De son écorce détachée en énormes feuilles
cylindriques, on forme les couvertures des maisons pauvres, ou bien on la désagrège en fila-
ments dont on fabrique de l'étoupe et des cordages.

C'est dans le bassin supérieur du Kiso-Gava

et du Hida-Gava qu'on rencontre les plus beaux spécimens de cette essence.

Le soughi a une sorte de caractère religieux analogue à celui du hinoki ; on le trouve auprès de tous les temples. Il doit sans doute cette vénération aux dimensions qu'il atteint, à ses qualités ornementales et aux services qu'il rend.

La grande bonzerie du Koya-san a de larges allées de soughi de dimensions colossales ; de même, une allée de soughi de 70 kilomètres de long va des temples de Nikko aux bords du Toné-Gava ; quelques-uns de ces arbres sacrés mesurent 6 mètres de tour, 25 mètres de hauteur sous branches et 35 mètres de hauteur totale.

Nulle allée peut-être n'est comparable en splendeur à ces avenues de cryptomérias.

A leur maximum de végétation, les soughi peuvent dépasser 50 mètres.

Cette essence croît remarquablement droite. Les branches nombreuses et grêles, sont cachées par une multitude de feuilles longues, étroites, pendantes, de couleur foncée. L'arbre élancé et touffu, mais un peu sombre et triste, apparaît comme une immense pyramide de verdure. Les voyageurs l'ont souvent appelé « le cèdre du Japon ».

*
* *

Parmi les essences feuillues, ce sont les châtaigniers et surtout les chênes qui dominent. On les rencontre principalement dans les forêts des montagnes du centre de Nippon. Les Japonais désignent sous le nom collectif de Nara les différentes espèces de chênes à feuilles caduques ou chênes blancs et sous celui de Kasi celles à feuilles persistantes ou chênes verts.

On vend en automne à Tokiô et dans toutes les grandes villes du Japon de gros glands de chêne comestibles, de forme allongée, nommés matékasi. Quant au fruit du châtaignier, il n'a ni la grosseur ni surtout la saveur des châtaignes de France.

Les montagnards ont l'habitude d'incendier les herbes qui poussent à l'ombre des chênes et des châtaigniers, pour favoriser la reproduction de la fougère nommée varabi, dont la racine constitue leur unique aliment en été ; le châtaignier résiste à peu près seul à cette pratique déplorable.

*
* *

La floraison des cerisiers (sakoura) est un événement à Tokiô, où une promenade, bordée d'arbres de cette essence, longe la rivière. Il y a des fêtes semblables pour la floraison des pruniers, des pêchers (momô) et des clycines ; puis une cinquième fête, à l'automne, quand les érables prennent leurs belles nuances pourpres ; mais aucune d'elles n'a autant d'importance que la fête des sakoura : les fleurs naissent avant les feuilles, elles sont si grandes et si belles qu'elles ressemblent souvent à de petites roses blanches ; sous leurs guirlandes compactes l'arbre disparaît complètement.

Les Japonais plantent des sakoura dans tous leurs jardins, auprès des temples et des lieux de plaisirs, le long des promenades ; ils en représentent dans leurs tableaux ; ils en font des arbres

minuscules pour orner leurs appartements; à défaut de l'arbre, ils aiment en avoir sous les yeux
des branches en fleurs. (Dupont.)

Cet aperçu rapide donne une idée de la
richesse de la flore japonaise et de la beauté de
ses espèces arborescentes.

Rien n'égale la splendeur de ces forêts colo-
rées des teintes éclatantes de l'automne. Dans
les vallées largement ouvertes, sur les contours
arrondis des sommets, et jusqu'aux ondulations
gracieuses de l'horizon, les arbres de toute espèce forment, par le ton varié de leur feuillage,
des paysages pleins d'agréables contrastes.

Sauf dans les provinces du sud de Nippon
que le déboisement dépare, chaque village est
superbement orné de bouquets d'arbres. C'est
aux bois sacrés qui les entourent, bien plus qu'à
leur architecture, qu'est due la beauté des temples. Ce mélange d'arbres à feuilles caduques,
d'arbres verts et de conifères est beau surtout
près des côtes, dans les montagnes littorales où
mainte baie tranquille et bleue entaille un rivage
abrupt recouvert de forêts.

Les Japonais, excellents agriculteurs, cultivent
leurs champs comme nos jardins maraîchers, au
moyen de la bêche et de la pioche, presque entièrement à la main et sans le secours du bétail.
Ils se servent de toutes sortes d'engrais, humains
et autres, pour féconder leur sol: d'énormes
quantités de poisson des pêcheries de Yéso sont
employées à fumer les champs de Nippon. Les

irrigations, facilitées, il est vrai, par l'humidité
du climat et l'abondance des torrents, sont pra-
tiquées avec beaucoup d'art.

Quant aux fleurs, qui sont innombrables, elles
ont en général plus d'éclat que nos fleurs d'Europe, mais moins de parfum. « Le Japon, » dit
Kaempfer, et les voyageurs contemporains n'ont
pu que confirmer le rapport de cet excellent
observateur, « le Japon peut, je crois, le disputer
avec la plupart des pays connus, pour ne pas
dire avec tous les pays en général par la variété
et la beauté de ses plantes et de ses fleurs, dont
la nature a richement embelli ses champs, ses
collines, ses bois et ses forêts ».

Cultivées, on les porte à un degré de perfection inconcevable ; incultes, elles parent magnifiquement les collines et les champs et offrent un
coup d'œil dont la beauté ne se saurait exprimer.

L'anémone du Japon, admirée à si juste titre
dans notre Occident, ne le cède à aucune autre
fleur pour la suprême élégance du port, la déli-
catesse des nuances, la pureté des contours. Le
gardénia a détrôné chez nous le camélia lui-même.
Les jardins sont pleins de lis superbes, et le lotus
voile les marais de son tapis de feuilles flottan-
tes brodé d'énormes corolles.

Le chrysanthème, cette belle plante qui, jusqu'à l'arrière-automne, exhale dans nos jardins
son âcre et pénétrant arome, et dont les florai-
sons éclatantes semblent des soleils aux rayons
chiffonnés, est l'une des fleurs emblématiques du
Japon. *Chrysanthemum* est le nom d'une revue
anglo-japonaise.

Dans le blason japonais, composé presque

exclusivement de fleurs et de feuilles, le chrysanthème et la fleur du paulownia sont les deux armoiries personnelles du mikado, et l'emblème national est le soleil levant.

L'horticulture japonaise se complaît à grouper sur un petit espace des fleurs, des arbres rares, des lacs, des rochers, des cascatelles : les Japonais citent avec admiration le Kinkakouzi, près de Kiôto, comme un magnifique spécimen de l'art des jardins.

Au spectacle de son jardinet si habilement dessiné qu'il représente tout un paysage avec des rivières, des lacs, des volcans, le Japonais se repose des tracas de la vie journalière, oublie l'aspect affairé des rues et se laisse aller à la rêverie.

CHAPITRE IV.

Animaux sauvages et domestiques. — Poissons. — Minéraux.

LA faune japonaise est comme la flore extrêmement riche au moins en quelques genres ; car dans un pays si bien cultivé, on ne peut s'attendre à trouver un grand nombre d'animaux sauvages. Les plus gros de ces anciens habitants ont disparu ; par les fossiles recueillis au Japon, nous savons qu'il y vécut jadis des éléphants de la même espèce que l'éléphant actuel de l'Inde ; mais on rencontre encore l'ours dans les montagnes de Nippon et surtout dans les épaisses forêts de Yéso qui en possède une espèce particulière, puis de rares petits loups, de petits renards, trop nombreux et trop fidèles acolytes d'Inari, le dieu des rizières, le saron, singe à courte queue et à minois rouge, le cerf, hôte des bois et des parcs sacrés, le sanglier.

Parmi les mammifères, il faut aussi citer les chauves-souris, des cétacés, phoques, morses, des rongeurs, etc. Sur les trente espèces de mammifères terrestres énumérées par les savants, vingt-cinq sont spéciales au Japon, mais les genres ne diffèrent pas de ceux du continent : la faune japonaise est proche parente de celle de la Chine et de la Mandchourie.

Dans le Yéso, nous trouvons un gros ours du nord, et plusieurs espèces d'oiseaux qu'on ne rencontre pas dans l'île principale.

Dans le nord de Nippon, on trouve le petit ours méridional, l'antilope à face de mouton, le singe, le faisan et d'autres espèces d'oiseaux absents d'Yéso (Blakiston et Pryer). Le Nippon a le chien à face de raton, la taupe, le sanglier, qui sont inconnus en Yéso.

Parmi les animaux domestiques on trouve des bœufs de belle race, des chevaux, des porcs d'une race inférieure, des poules, des canards, des chiens, des chats, etc., et généralement tous les animaux d'Europe.

*
* *

La vie animale foisonne dans les eaux du Japon, notamment au nord. Comparable à l'île de Terre-Neuve par les épais brouillards qui l'enveloppent, Yéso rappelle aussi l'île améri-

caine par ses bancs poissonneux, par l'abondance
de sa faune marine et l'importance des pêcheries
de son littoral. Elle doit cette ressemblance à la
rencontre dans ses eaux des courants froids et
des courants tièdes, charriant de l'océan du nord
et des mers tropicales une ample pâture d'ani-
malcules et de débris.

Les rares villages de cette grande île presque
déserte sont des hameaux de pêcheurs ; des stations temporaires de chasse et de pêche se trouvent également dans les Kouriles méridionales.

Au rapport de Blakiston, la saison de pêche
est mauvaise quand on n'a capturé sur la côte
de Yéso que 1,200,000 saumons. Avec leurs
filets, longs parfois de 1,200 mètres, que 70
hommes ont peine à manœuvrer, les pêcheurs
ont pris en un seul jour jusqu'à 20,000 poissons.
Yéso expédie aux provinces très peuplées du
midi et jusqu'en Chine d'énormes cargaisons de
poissons séchés et de poissons salés.

Les harengs, les poissons fades ou mauvais,
les têtes, l'huile, les déchets de toute nature sont
utilisés comme engrais.

D'autres produits de l'océan, crabes, mollus-
ques, varechs, coquillages, sont également con-
sommés par ce peuple ichthyophage.

La biche ou bêche de mer ou trépang (holo-
thurie) est pêchée sur presque toute la côte.

Le chou de mer, algue comestible si répandue
dans le commerce de l'Extrême-Orient, et dont
les Chinois en particulier font une consommation
considérable, est recueilli sur tout le littoral.

L'algue qu'on ramasse sur la côte occidentale
de Yéso est préférée à toute autre ; le kombou

est l'un des principaux produits qu'exporte Hakodaté. Après avoir fait sécher sur les grèves ces longues lanières brunes, on les charge sur les jonques, qui les transportent dans les ports de Chine.

Les Japonais pêchent également dans les eaux de Yéso l'oreille de mer : ce coquillage à chair coriace donne une nacre très appréciée au Japon et en Chine.

****

Le Japon a d'assez nombreux gisements miniers, dont quelques-uns sont exploités depuis des siècles, mais par des procédés très défectueux. L'or et l'argent se trouvent en très petites quantités seulement.

La mine d'or la plus célèbre depuis l'antiquité est celle qui se trouve dans l'île de Sado. Cette mine, découverte depuis plus de 1000 ans, n'a été exploitée sur une grande échelle que depuis 250 ans. Elle renferme deux filons principaux allant du sud au nord, et divergeant dans différents sens. —

Il y a un nombre assez considérable de galeries abandonnées ; celles qui sont exploitées actuellement sont au nombre de six.

Les filons, larges de trois à vingt shakus donnent de l'or, de l'argent, du cuivre et quelquefois de l'antimoine.

La totalité du minerai extrait de 1873 à 1876 s'élevait à six mille tonnes ; depuis on a encore extrait mille huit cent soixante-sept tonnes, ce qui donne un total de sept mille huit cent soixante-sept tonnes.

Les ateliers d'affinage n'étant pas encore achevés, ce minerai n'a pu être traité en totalité, et l'on n'a opéré que sur mille deux cent dix-sept tonnes.

On s'est décidé, il y a quelques années, à creuser trois nouveaux puits devant servir à l'exploitation ainsi qu'à l'écoulement des eaux ; on a ouvert, en outre, quatre nouvelles galeries. On a calculé que, grâce à ces nouveaux puits et à ces galeries, on pourrait extraire annuellement six mille tonnes.

Le soufre ne manque pas à ce pays volcanique, où les « soufrières » et les « solfatares du diable » dénomment des volcans et des îlots.

La houille est exploitée surtout à Karatsou et dans l'île Taka (Taka-sima), sur la côte de la province de Hizen, à l'entrée de la rade de Nagasaki, à 16 kilomètres de ce port. Les mines de charbon de Taka-sima, exploitées depuis 1868, ont fourni 94,048 tonnes de houille excellente en 1879, et employé cette même année 3200 ouvriers et mineurs. En 1881, la production a atteint 1000 tonnes par jour ; Taka-sima a elle seule fournit autant de houille que le reste du Japon.

Les sources de pétrole sont nombreuses, surtout en Etsigo, Sinano, Ougo et Bôtomi. Etsigo seul a 522 sources ou puits. L'un de ces puits a été poussé jusqu'à 222 mètres de profondeur. Sinano en a 22 ; mais la production totale des nappes d'huile des deux provinces équivaut seulement à celle de deux sources de la Pensylvanie. Les Japonais mettent des tubes de bambou aux endroits d'où le liquide s'échappe et ils s'en servent pour l'éclairage.

Le Japon a de nombreuses sources minérales et thermales, dont les Japonais, grands amateurs de bains chauds, savent tirer parti : c'est à ces sources que le célèbre volcan de la péninsule de Simabara, à l'est de Nagasaki, doit son nom d'Ounzen-san ou Ouzen-gataké, « le pic des sources chaudes ».

De tous les thermes japonais, les plus fameux et les plus fréquentés sont ceux de Kouzatzou, dans le nord du massif de l'Asama-yama, et ceux de Hakone, dans le voisinage de Fouzi-yama, et non loin de la capitale.

CHAPITRE V.

Population. — Japonais. — Aïnos.

LA population du Japon est d'environ trente-huit millions d'habitants qui se rattachent à la grande famille mongole.

« Les Japonais, dit Humbert, sans être précisément disproportionnés, ont en général la tête grosse, un peu enfoncée dans les épaules, la poitrine large, le buste long, les jambes grêles et courtes, les pieds petits, les mains fines et souvent remarquablement belles.

« Chez les personnes qui ont le front très fuyant et les pommettes des joues particulièrement larges et proéminentes, la tête, vue de face, représente plutôt la figure géométrique du trapèze que celle de l'ovale. Un fait plus général, c'est que les cavités des yeux étant peu profondes, et les cartilages du nez légèrement aplatis, les yeux sont plus à la surface que chez les Européens, et même quelque peu bridés. Cepen-

Officier japonais en costume de cour, d'après une photographie.

dant, l'effet général n'est pas celui du type chinois ou mongol.

« La tête du Japonais est plus grosse, la figure plus allongée, et, à tout prendre, plus régulière ; enfin le nez est plus saillant, mieux dessiné, souvent même presque aquilin.

« Toute la population japonaise, sans exception, a la chevelure lisse, épaisse, et d'un noir d'ébène. Les Japonais ont la barbe assez forte, mais ils se font raser au moins tous les deux jours.

« Dans les premiers temps de nos rapports avec le Japon, l'Européen entendait retentir à chaque coin de rue le sobriquet de Kéto-zin, « étranger velu » : le Japonais, rasé ou naturellement glabre, a eu quelque peine à s'habituer à la barbe des barbares étrangers. » La couleur de leur peau varie, selon les diverses classes de la société, depuis les teints cuivrés et basanés de l'intérieur de Java jusqu'au blanc mat ou bruni du soleil des habitants de l'Europe méridionale. La nuance dominante est le brun olivâtre ; jamais elle ne rappelle la teinte jaune des Chinois.

A l'inverse des Européens, la figure et les mains chez les Japonais sont ordinairement moins colorés que le corps. Les petits enfants, les jeunes gens des deux sexes, ont le teint rosé, de belles joues rouges, les mêmes indices de santé florissante que nous aimons à rencontrer autour de nous. Les femmes ont le teint plus clair que les hommes ; on en voit beaucoup dans la haute société, et jusque dans la classe bourgeoise, qui sont parfaitement blanches. Les dames de l'aristocratie estiment que le blanc mat est le teint de distinction.

Hommes et femmes ont les yeux noirs, fendus en amande et bridés, les dents blanches, saines, séparées par des interstices réguliers, et quelque peu proéminentes.

En résumé, la population japonaise présente

Dame japonaise de distinction.

deux types profondément tranchés. L'un, le type aristocratique, se distingue par la forme romaine du nez, selon l'expression de Werner, par l'œil ouvert et bien fendu, la tête allongée, le front élevé, la coupe ovale de la figure ; l'autre type, le type plébéien, se rapproche des traits qui caractérisent la race mongole, dont le chinois est un rameau : yeux bridés, figure en trapèze, front bas, nez écrasé, large et plat, pommettes saillantes. Il est impossible d'imaginer un contraste plus absolu.

Les Japonais sont de petite taille, et n'ont point la constitution robuste des Chinois. Au contraire, ils sont, en apparence, d'une grande faiblesse physique, leur thorax a peu d'ampleur, leurs muscles sont minces ; parmi eux les anémiques et les tuberculeux sont nombreux.

*\
* *

Ils sont cependant singulièrement résistants à la fatigue, vigoureux, souples, adroits ; acrobates, portefaix, coureurs, lutteurs, ni la longueur de l'haleine, ni l'élasticité du muscle ne leur font défaut.

Les véhicules à deux roues, *Zinrikisa*, qui ont remplacé les vieilles et incommodes litières ou chaises à porteur *(kago et norimon)*, sont traînés par des hommes. L'agilité de ces coureurs, chaussés de sandales de paille, est merveilleuse ; bien entraînés, ils font jusqu'à 70 kilomètres par jour. Le *betto* (palefrenier) accompagne toujours à pied son maître à cheval et il en suit toutes les allures.

Dès l'âge de trente ans, une vieillesse précoce flétrit les traits des Japonais ; leur front se ratatine et se couvre de rides, la « patte d'oie » fait son apparition, les joues tombent ; et, contraste singulier, des yeux jeunes et brillants, une bouche fraîche, de belles dents jurent avec ces signes de la caducité commençante. Si l'âge mûr leur vient vite, leur jeunesse est prématurée.

Char à bras japonais.

* *

Le Japonais est laborieux, vif d'esprit, extrêmement propre, endurant, doux, spirituel et fin, poli et bienveillant, bon, gai, « rieur et enjoué jusqu'au fond de l'âme », très brave et souvent héroïque. Un puissant sentiment de l'honneur avait généralisé parmi l'aristocratie la pratique du *harakiri*, suicide ordonné ou volontaire : plutôt que de subir une atteinte à la dignité personnelle ou le déshonneur d'une mort infamante, les nobles daïmis du Japon féodal s'ouvraient le ventre, en tenue de suicide (robe blanche, couleur du deuil), correctement devant leurs amis assemblés, c'était là aussi un moyen infaillible de vengeance: en s'ôtant la vie on était sûr d'obtenir la vie de son ennemi, les parents du suicidé étant engagés d'honneur à exterminer l'auteur de l'offense.

D'autre part naturellement froid, réservé, peu démonstratif, sobre de gestes, de manifestations de tendresse, de colère ou de douleur, le Japonais ne semble pas ressentir les violentes agitations de l'âme et ne sait pas exprimer l'intensité de la passion. De là peut-être son infériorité en tant que génie créateur, inventif, personnel, et la prédominance chez lui des facultés d'assimilation. Son aptitude pour l'imitation est incomparable : les Japonais ont construit leur premier bateau à vapeur et sa machine uniquement d'après la description donnée par un livre hollandais.

Les Japonais, du moins les Japonais progressistes civilisés à l'européenne, fonctionnaires, magistrats, soldats, marchands, ont à ce point perdu l'orgueil de leur civilisation nationale, qu'ils prennent le costume européen, et ont renoncé à leur grande robe flottante de coton ou de soie, à larges manches, antique vêtement des deux sexes. Les anciens et riches costumes et les vieilles armures ne peuvent plus être vus que sur le théâtre.

Les tatouages multicolores sont de même à peu près abandonnés : seuls les coureurs et les traîneurs de *zinrikisa* conservent le privilège de se barioler tout le corps de figures de dragons, d'oiseaux, de feuillages, de fleurs.

***

Dans la partie septentrionale de l'empire, au Yeso, habite une race particulière que l'on dit être la race autochthone, les Aïnos. Leur physionomie et leurs mœurs sont différentes de celles des Japonais proprement dits ; nous allons en dire quelques mots d'après les voyageurs les mieux renseignés.

Les Aïnos ont de grands yeux francs, ronds, droits et d'un noir brillant, une physionomie douce, des traits réguliers, des lèvres épaisses, un nez grand et de belle forme. « L'expression de leur regard, » dit Blakiston, « révèle à la fois une longue oppression et l'absence de toute crainte. »

***

Les seules cultures qu'on voie autour de leurs huttes, ce sont quelques fèves, des épis de maïs, des racines comestibles, du sarrasin, des pommes de terre.

Quant à leurs industries, elles se bornent à tresser des nattes de roseaux, à préparer des engins de chasse et de pêche, à tailler grossièrement une pirogue, à tisser des écorces d'arbres, à coudre avec un fil de chanvre des peaux de daim ; voilà tout ce qu'ils savent.

Leur véritable nourricière, d'ailleurs, ce n'est pas la terre, c'est l'eau. Dans les cours d'eau ils établissent des barrages en forme de flèche, la pointe dirigée vers le courant ; au sommet se trouve un large réservoir palissadé, surmonté d'une plate-forme ; le saumon suit le barrage qui lui fait obstacle et vient s'encager lui-même. Il est alors harponné par des hommes placés sur la plate-forme.

Ils habitent des cabanes de bois qu'ils tapissent intérieurement de feuillages ou simplement des huttes de branches, dont la terre forme le plancher. G. Bousquet décrit de la manière suivante un intérieur aïno :

« Des banquettes de bois, couvertes d'une natte de paille, servent de sièges pendant le jour et de coucher pendant la nuit. Le foyer est établi au centre, sur quelques pierres ; de vieilles écuelles de laque, des harpons pour le saumon, des pagaies, des filets, des vêtements de peau d'ours et de cerf, des arcs de bois de fer pendent aux parois et au toit, ou s'entassent dans les coins. » De tous ces objets, le plus curieux est l'attirail de chasse primitif des Aïnos. Leur arc est simplement fait d'une pièce de bois dur rudement taillée et munie d'une corde de chanvre. Les flèches se composent de trois parties : une tête en os ou en bambou, fine, pointue, aplatie et barbelée, de 3 à 4 centimètres de long, solidement fixée par un fil d'écorce végétale à un morceau de corne de cerf d'environ 4 centimètres, qui lui-même surmonte une tige de bois dur d'un pied, garnie de trois plumes. La tête de la flèche est trempée dans un poison mortel, dont la composition a pour base l'aconit. Cette arme terrible sert principalement à chasser l'ours, dont la chair et la fourrure sont une des principales ressources de ces sauvages. Ils tendent leur arc sur le passage de l'animal dont ils ont épié les habitudes, de telle sorte que, par un mécanisme très simple, l'ours en frôlant une corde tendue sur son chemin fait jouer la détente. A peine l'ours est-il blessé depuis quelques heures, qu'on est sûr de le trouver mort dans le voisinage.

CHAPITRE VI.

Histoire du Japon. — Relations avec les puissances européennes. — Gouvernement. — Armée. — Marine.

COMME toutes les origines, celles du Japon sont enveloppées d'obscurité. Les chroniques, écrites sur les traditions longtemps après les événements, environnent les faits antiques de circonstances merveilleuses, font intervenir les dieux et les génies dans les choses humaines, et nous laissent ignorer ce qu'y voudrait trouver la science, les premiers rapports entre les populations encore sauvages de l'archipel et les races du continent.

L'histoire proprement dite ne commence qu'à la fin du IIIe siècle, avec l'introduction des signes idéographiques chinois.

Ce fut à cette époque, vers 285, que le savant coréen Vonin ou Vani apporta au Japon des livres chinois.

Au VIIIe siècle, sous le règne de Kan-mou, la capitale fut établie à Kioto.

Les troubles intérieurs ayant obligé l'empereur d'investir l'un de ses dignitaires d'un grand pouvoir militaire, ces fonctions devinrent l'origine de la puissance des Chôgouns. Ce titre signifie généralissime.

C'est cette division du pouvoir qui a donné naissance à l'erreur généralement répandue parmi nous, et qui a persisté jusqu'à ces dernières années, qu'il existait au Japon deux empereurs, l'un ayant le pouvoir religieux et l'autre le pouvoir civil. Nous donnions la première épithète au Mikado, c'est-à-dire au véritable empereur et l'autre au Cho-goun.

Les puissances, admettant, au milieu de l'imbroglio des institutions japonaises, la légende des deux souverains temporel et spirituel, avaient signé tous les traités avec le Cho-goun. Mais à la nouvelle de l'ouverture des ports, les daïmis, qui supportaient impatiemment l'autorité du Cho-goun, lui dénièrent tout droit de traiter sans l'assentiment du Mikado et exploitèrent contre lui le sentiment populaire hostile à l'étranger.

Au milieu des luttes intestines qui déchirèrent le pays, les puissances étrangères durent intervenir à plusieurs reprises pour faire respecter les traités ou pour venger l'assassinat de leurs nationaux : bombardement et destruction de Kagosima, capitale du prince de Satzouma par l'escadre anglaise le 15 août 1863 ; destruction des batteries du prince de Nagato au détroit de Simonoseki en juillet 1863 par l'amiral Jaurès, et en septembre 1864 par les escadres française, anglaise, hollandaise et américaine.

Enfin, le parti du Mikado, appuyé par les quatre puissants princes de Satzouma, Hizen, Toza et Nagato, l'emporta sur les armées du Cho-goun, qui, défait à Fousimi, près de Kiôto, le 27 janvier 1868, s'enfuit à Yédo et restitua au Mikado l'intégrité du pouvoir.

Au mois de mars suivant, le Mikado, apparaissant tout à coup sur la scène politique et, par une nouveauté plus étrange encore, se produisant de sa personne sacrée en présence même des étrangers, recevait en audience solennelle, dans son palais de Kiôto, les représentants de la France, de la Hollande et de l'Angleterre (23 et 26 mars 1868). Ratifiés par lui, appuyés de son autorité souveraine, les traités furent exécutés comme il avait été convenu.

En quelques années, tout l'ancien régime féodal s'effondra et disparut jusqu'aux derniers débris, pour faire place à un gouvernement centralisateur.

A la fin de 1868, le mikado, pour indiquer que les changements accomplis étaient irrévocables, quittait la ville sainte de Kiôto, et transférait le siège de l'empire à Yédo, appelé désormais Tokiô, c'est-à-dire la capitale de l'est.

Deux années plus tard, les quatre puissants princes que nous avons cités, remettaient au mikado le gouvernement et l'administration de leurs provinces.

Le suprême épisode de la révolution fut la

rébellion des marins de la flotte, qui, fidèles au Chô-goun, se réfugièrent à Hakodaté, et s'y maintinrent jusqu'en juin 1869.

Avant la révolution de 1868, le Japon était divisé en *régions ou circuits* (littéralement *routes*) et celles-ci en *provinces*. Ces anciennes divisions politiques, encore reconnues dans le langage ordinaire, correspondaient à des régions naturelles. Les fleuves ne servaient de limites aux provinces qu'exceptionnellement ; le plus souvent celles-ci étaient séparées par des chaînes de montagnes, de hauts massifs difficiles à franchir.

Dans les provinces montagneuses, dans le pays de Sinano, par exemple, les subdivisions étaient elles-mêmes déterminées par le relief du sol.

La vie du peuple japonais se développait ainsi d'une manière fort différente d'un territoire à l'autre. Aussi le patriotisme local, le sentiment particulariste, a-t-il joué, à toutes les époques, un rôle prépondérant dans l'histoire du Japon. Les membres de la même province, du même clan, se sentaient unis par un lien auquel chacun devait faire le sacrifice de ses intérêts particuliers.

C'est pour détruire cet esprit de clan et pour briser la tradition, que, depuis la révolution, les anciennes provinces ont été remplacées administrativement par des départements (ken), subdivisés en districts (kôri ou gôri), sans aucun égard pour les frontières physiques ou historiques.

Aujourd'hui le Japon est divisé en 49 départements ou ken.

Le Japon, après une claustration volontaire qui a duré jusqu'au milieu de ce siècle, a rompu si soudainement avec sa civilisation propre et ses traditions nationales pour adopter les mœurs et la civilisation européennes, qu'il est difficile de décrire son état social actuel, nécessairement quelque peu factice.

Constitution politique, administration, système judiciaire, législation, régime de la propriété, armée, marine, postes, voies de communication, presse, monnaies, costume et repos dominical, il a tout emprunté à notre Occident ; on en peut juger par le récit de l'ouverture de la Chambre des députés que nous donne un journal publié à Yokohama.

« Ce matin (29 novembre 1890) S. M. l'empereur s'est rendu au palais de la diète de l'empire et a ouvert solennellement la première session.

« Le cortège qui escortait Sa Majesté a quitté le palais dans l'ordre suivant : en tête dans trois voitures de la cour, étaient assis les maîtres des cérémonies, porteurs des insignes impériaux.

« L'empereur, vêtu de l'uniforme militaire et portant en sautoir le grand cordon de l'ordre du Chrysanthème, occupait le fond d'un magnifique carrosse de grand gala, attelé de six beaux chevaux bai-bruns, et précédé de deux piqueurs à cheval. Le grand chambellan, marquis Tokudaïji, était assis en face du souverain. Des valets, un bec-de-corbin doré à la main, marchaient à la tête de chacun des chevaux. Écuyers, aides-de-camp et officiers d'ordonnance à cheval entouraient le carrosse impérial, que suivaient cinq voitures de la cour où s'étaient placés les princes du sang.

« Ensuite, dans des landaus aux sièges drapés de vert, se tenaient les membres du cabinet. Le maréchal comte Yamagata seul dans sa voiture, les précédait.

« L'arme haute, les lanciers de la garde impériale formaient la haie.

« Ce brillant cortège sortit du palais par la porte principale, passa par celle de Sakurado, défila devant le ministère des affaires étrangères; puis, longeant le côté nord du palais de la diète, entra dans l'enceinte de ce palais par la grille principale de la chambre haute, qui avait été fermée jusque-là.

« Une foule immense, contenue par une haie d'infanterie, gardait un silence respectueux en saluant Sa Majesté, à son passage. Au moment où l'empereur pénétra dans l'enceinte de la diète, la musique de la garde impériale, massée en face de l'entrée, fit entendre le Kimigayo, hymne national Japonais.

« Le carrosse impérial s'avança sous la marquise qui précède le bâtiment occupé par la chambre haute; là, les chambellans qui attendaient Sa Majesté, l'introduisirent dans un salon d'attente disposé pour le recevoir.

*
* *

« Depuis quelque temps déjà, les membres de la diète avaient occupé leurs places dans la salle des séances de la chambre haute.

« Il faut le dire, cette salle manque d'ampleur, et son enceinte n'est pas digne de l'imposante cérémonie dont elle était le théâtre; elle semble même peu appropriée à l'usage auquel elle est habituellement destinée. La tribune, en particulier, est singulièrement resserrée et exiguë et ne permettra guère les grands effets à l'orateur qui l'occupera.

« Aujourd'hui la salle est à peine suffisante pour contenir les membres de la Chambre haute qui, revêtus de leurs plus brillants uniformes, en occupaient la gauche. Les députés, tous en habit noir, étaient placés à droite. Dans l'hémicycle, le comte Ito et M. Nakashima se tenaient debout, à la tête des membres de chaque Chambre qu'ils doivent présider.

« Dans les tribunes se pressaient les représentants étrangers et les membres du corps diplomatique en uniforme, les fonctionnaires du rang de « chocunin » et un certain nombre du rang de « sonin », tirés au sort dans chaque administration.

« Le fond de la salle était occupé dans toute sa longueur par une estrade sur laquelle s'élevait le trône, tendu de velours aux couleurs impériales et rehaussé de chrysanthèmes d'or.

« Sur l'estrade, à gauche, se placèrent dès leur arrivée, et par ordre d'ancienneté, les membres du cabinet et du conseil privé. A onze heures seize minutes, l'empereur, précédé du marquis Nabeshima, grand maître des cérémonies, et des porteurs des insignes impériaux, fit son entrée dans la salle des séances par l'extrémité droite de l'estrade. Sa Majesté se plaça debout devant son trône pendant que les princes de sa maison, le prince Sanjo et les autres fonctionnaires de la suite s'arrêtaient à sa droite.

« Le comte Yamagata, quittant alors la place qu'il occupait en tête des membres du cabinet, présenta à l'empereur le texte du discours suivant, que Sa Majesté, prononça à haute et intelligible voix :

« Messieurs les membres de la Chambre haute.

« Messieurs les membres de la Chambre des représentants.

« L'organisation des divers services d'administration intérieure, à laquelle nous avons travaillé, pendant les années qui se sont écoulées depuis notre accession au trône, est une œuvre qui peut être considérée comme achevée, au moins dans ses grandes lignes. Grâce aux mérites de nos divins ancêtres, nous comptons poursuivre et développer cette œuvre de concert avec vous et arriver, par les excellents fruits que nous recueillerons de la constitution, à faire briller à l'avenir d'un éclat de plus en plus vif, tant au dehors qu'au dedans, la gloire de notre empire et l'esprit loyal et entreprenant de notre peuple.

« Un objet constant de notre sollicitude a été d'entretenir des rapports de bonne amitié avec les autres pays. Nous sommes, d'ailleurs, heureux de constater que les liens qui unissent cet empire aux puissances avec lesquelles nous avons conclu des traités, deviennent chaque jour plus intimes et plus étroits.

« Le souci du maintien de la paix au dedans comme au dehors nous fait désirer de nous rapprocher chaque année du moment où l'organisation de nos forces de terre et de mer sera complète.

« Nous ferons soumettre par nos ministres d'État, aux délibérations de la diète, le budget approximatif de l'exercice 1891, ainsi que divers projets de lois. Guidés par l'impartialité et la prudence dans vos travaux, et aussi dans le concours que vous nous prêterez, vous laisserez, nous en avons la ferme confiance, des exemples qui serviront de règle pour l'avenir. »

« A ce moment retentit le premier coup d'une salve de cent un coups de canon. Le discours terminé, le comte Ita monta de l'hémicycle sur l'estrade, et reçut des mains du souverain le texte des paroles impériales.

« A onze heures vingt minutes, l'empereur quittait la salle des séances précédé et suivi du même cortège qu'à son entrée. »

***

« On a remarqué que Sa Majesté avait pénétré dans la salle des séances la tête découverte et qu'elle ne s'était pas assise sur son trône. A son entrée et à sa sortie, l'empereur a salué en s'inclinant légèrement. Avant de prendre des mains du comte Yamagata le manuscrit du discours du trône, Sa Majesté a déposé elle-même son képi sur un tabouret voisin.

« Le discours impérial a été écouté debout avec un profond respect par les députés et les sénateurs, ces derniers la tête inclinée en signe de déférence.

« Aucune des personnes présentes ne perdra certainement le souvenir de cette imposante cérémonie, qui marque le commencement d'une ère nouvelle dans l'histoire de l'intéressant peuple japonais. »

***

Ce mouvement politique et social a été accompagné de grandes réformes dans l'armée et dans la flotte. Sans entrer dans le détail des modifications, nous nous contenterons d'indiquer l'état actuel des choses.

Le service militaire est obligatoire depuis 1876, mais, dans la pratique, on admet de nombreuses causes d'exemption et le rachat. Depuis 1879, la durée du service est de 3 ans dans l'armée active, 3 ans dans la réserve, 4 ans dans l'armée territoriale.

En 1885, l'effectif de l'armée, divisé en 6 corps, comptait 30 généraux, 9,335 officiers, 109,496 sous-officiers et soldats. Il comprend en outre 253 officiers d'administration.

Le Japon a une académie militaire, une école militaire, une école de sous-officiers, une école de tir, etc. La jeune armée japonaise, organisée et instruite par des officiers français, au camp de Sakoura, a fait en 1873 la campagne de Formose et réprimé en 1876-77 l'insurrection de Satzouma.

La mission militaire française a quitté le Japon en 1880 ; mais une nouvelle mission militaire, composée de six officiers français appartenant aux différentes armes, est partie en 1883 pour le Japon. D'un autre côté, un certain nombre d'officiers de l'armée japonaise sont envoyés chaque année en France pour y compléter leur instruction dans nos écoles et dans nos régiments.

La flotte compte 31 vapeurs, dont 5 blindés, avec 196 canons et 5,551 marins. L'école navale est à Tokio. L'arsenal maritime de Yokoska a été installé et dirigé pendant plusieurs années par des ingénieurs français. La mission navale anglaise chargée de l'instruction de la flotte a quitté le Japon en 1879. Pendant l'expédition de Formose, la flotte japonaise s'est montrée sur les côtes de Chine et de Corée.

Elle se montre aujourd'hui dans le golfe du Pe-tcheli, où la verrons-nous dans dix ans ?

CHAPITRE VII.

Langue. — Écriture. — Littérature.

LA langue japonaise primitive ou yamato, sans aucun rapport avec le chinois, est un idiome polysyllabique agglutinant, auquel le japonais moderne doit ses syllabes claires, son harmonie, sa richesse en voyelles, sa sonorité italienne.

Au yamato est venu se juxtaposer le chinois, pour former le sino-japonais, qui est la langue vulgaire, l'idiome des citadins policés aussi bien que des paysans ; le pur yamato n'est guère parlé qu'à la cour.

Dans le langage ordinaire, hommes et femmes emploient presque autant de mots chinois-japonais que de mots japonais purs. Le nombre est bien restreint des mots japonais qui n'ont pas leur correspondant chinois-japonais.

Le japonais n'a pas de déclinaisons ni de conjugaisons où les cas, les temps et les personnes soient indiqués, comme en grec ou en latin, par une simple flexion de la terminaison. Au lieu de prépositions, les cas sont marqués par des post-positions. Il n'y a point d'article. Quant aux verbes, les temps sont indiqués par les terminaisons jointes au radical fixe, ou par les terminaisons de l'auxiliaire de courtoisie; des pronoms personnels entrent dans la conjugaison du verbe.

La structure de la phrase est différente de celle dont nous faisons usage, et, pour ce qui concerne la place respective occupée par le sujet, le verbe et le régime, elle rappelle la construction de la phrase allemande.

L'influence du chinois s'est exercée d'une manière décisive sur l'écriture, plus encore que sur la langue parlée. Il existe pourtant au Japon des textes antérieurs à l'introduction de l'écriture chinoise et des inscriptions écrites en caractères figuratifs vierges de toute influence chinoise.

Mais quand les Japonais, encore presque barbares, se trouvèrent, à la fin du troisième siècle de notre ère, en contact avec un peuple à l'apogée de sa puissance et dans tout l'éclat de sa civilisation, ils durent accueillir, sans songer à le discuter, tout un corps de doctrines philosophiques, religieuses, scientifiques et littéraires qui leur venait de lui, et ils s'empressèrent, avec la facilité d'imitation qui les caractérise, de s'en emparer et de se l'assimiler. De même qu'ils introduisirent le chinois dans leur langage, ils l'adoptèrent pour leur écriture.

Mais comme cette écriture était purement idéographique et que, d'autre part, leur langue nationale comportait des polysyllabes qu'ils voulaient reproduire phonétiquement, il leur fallait pour cela des caractères phonétiques. Ils eurent recours encore aux idéogrammes ou signes chinois, et laissant de côté cette fois leur signification, ne tinrent compte que du son qu'on leur donnait en les lisant.

Ces caractères, on les abrégea, simplifia, on n'en conserva qu'un petit nombre de traits, et l'on composa ainsi le syllabaire kata-kana, dans lequel les signes n'ont pas toujours la valeur phonétique chinoise du caractère dont ils sont tirés, mais où du moins, chaque signe, invariable de forme, a un son déterminé et également invariable.

Le syllabaire kata-kana, « écriture latérale », est ainsi nommé parce que les caractères dont il se compose figurent dans les vocabulaires à côté des idéogrammes empruntés à la Chine pour en indiquer la prononciation.

Outre le kata-kana, les Japonais ont six autres syllabaires. Pour la correspondance, la littérature populaire, ils emploient le hira-kana, écriture « unie » ou cursive. Ainsi les Japonais se sont arrêtés au syllabisme sans aller jusqu'à l'alphabétisme.

Les caractères japonais se tracent, comme les caractères chinois, de haut en bas, par colonnes parallèles, et en allant de droite à gauche. Les Japonais écrivent avec des pinceaux trempés dans l'encre de Chine.

Le son des mots japonais, d'une articulation simple et claire, sans chuchotements ni aspirations, peut être reproduit presque exactement par l'alphabet français. La voyelle ou est muette dans la plupart des cas à la fin des mots et, dans la transcription, peut à la rigueur être supprimée. L'r, dans certains dialectes, se prononce à peu près comme un l (le son l franc manque au japonais).

*
* *

Peu de nations asiatiques possèdent une littérature aussi riche et aussi variée que les Japonais; aucune ne témoigne d'une activité pareille dans le développement de l'imprimerie et de la librairie. Chaque année, les presses de Myako, de Tokio, de Osaka, de Nagasaki, et de beaucoup d'autres villes moins importantes, mettent au jour de nouvelles éditions des anciens ouvrages estimés dans le pays, ou présentent de nouveaux écrits au jugement des diverses classes du public.

La période primitive de la littérature japonaise est représentée par des recueils de poésies et de chants populaires. Des drames généralement historiques et religieux, ont été composés plus tard.

De nombreux monuments historiques ont bientôt après vu le jour au Japon. Les plus importants d'entre eux ne nous sont guère connus que de titre. Parmi ceux qui sont parvenus en Europe, il en est cependant plusieurs auxquels il est impossible de refuser un véritable mérite littéraire.

Aux amateurs de littérature plus légère, je pourrais mentionner une foule de romans dans tous les genres qui paraissent chaque année au Japon pour défrayer les loisirs des dames et des jeunes gens. Parmi ces romans, il en est qui, par leur composition, jouiraient sans doute d'un certain succès en Europe ; d'autres, au contraire, ne pourraient intéresser qu'un petit nombre de littérateurs curieux de s'initier aux mœurs intimes et inconnues de l'une des nations les plus singulièrement organisées du monde.

****

De toutes les branches de la littérature japonaise, il n'en est peut-être aucune qui soit aussi richement représentée que l'histoire naturelle et la médecine. Il est incroyable combien les savants du pays ont composé de livres et de mémoires sur tout ce qui a trait de près ou de loin à ces deux grandes sciences.

Chez un peuple essentiellement observateur, de tels écrits ne peuvent manquer de renfermer des faits nouveaux et inconnus parmi nous. Les plus importantes découvertes ne sont souvent que l'effet du hasard, les recherches poursuivies d'après les méthodes les plus savantes n'aboutissent au contraire qu'à de minimes résultats. Les peuples sauvages n'ont aucune idée de pathologie ; en revanche ils connaissent par tradition ou par expérience les propriétés d'une foule de végétaux et guérissent ainsi tout autant de malades que dans les pays où l'on possède des facultés et des académies de médecine. A plus forte raison doit-on s'attendre à trouver d'utiles inventions chez un peuple avancé qui a maintes fois prouvé combien il a reçu de riches qualités de la nature.

***

Aujourd'hui tous les genres de littérature ont notablement augmenté surtout les journaux, et voici à titre de curiosité quelques chiffres tirés de statistiques officielles pour l'année 1892.

Il a paru au Japon 20647 ouvrages dont 7334 sont des livres nouveaux, le reste se compose de livres traduits, compilés ou réédités.

Sans parler du *Journal officiel*, il s'est publié 792 journaux ou revues, dont les deux tiers traitent de matières spéciales : sciences et arts, commerce, éducation, religion, hygiène, législation, politique, économie sociale.

CHAPITRE VIII.

Habitudes japonaises. — Les enterrements au Japon et au Yeso. — Les mariages aïnos.

RIEN de plus régulier que les habitudes japonaises. Levé tard — huit heures en hiver, sept heures en été, — le citadin se plonge la tête dans l'eau froide, lisse ses cheveux, absorbe une forte portion de riz, accompagnée de quelques légumes confits dans la saumure, et vaque à sa besogne, non sans s'interrompre de temps à autre pour fumer une petite pipe. Vers midi, il rentre chez lui et s'administre une nouvelle provision de riz cuit à l'eau qu'il relève de quelques morceaux de poisson salé, de légumes de diverses pâtes, et qu'il arrose comme le matin de thé fort pâle.

Enfin le soir, à sept heures, on sert le « gozen »
— riz — pour la troisième fois.

A ces divers repas chacun mange de son côté,

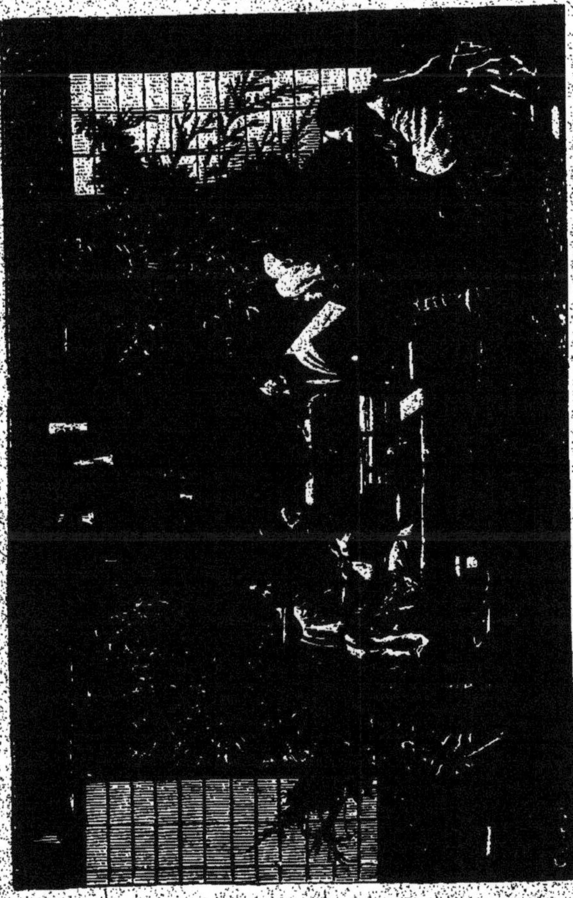

Réception dans un intérieur japonais

assis sur les nattes devant un petit plateau de
vingt-cinq centimètres de haut environ, sur lequel
on lui apporte une portion préparée à l'avance ;

la table est inconnue dans une pure famille japonaise ; on ne connaît pas la douceur d'une réunion devant la nappe blanche, les cristaux brillants, la soupière fumante. Une domestique circule autour des convives, l'écuelle d'une main, la cuiller de l'autre, et remplit à chaque instant leur bol comme on renouvelle le pain à nos tables.

Les femmes ne prennent leur repas avec leurs maris que dans la classe populaire ; elles mangent d'ailleurs généralement fort peu et boivent encore moins. Dans les jours de gala, on fait circuler le « saki » — bière de riz fort alcoolique, — dans de petites coupes de porcelaines minuscules. C'est alors que les femmes sont invitéesà prendre leur « sanussen » et à gratter, pour la plus grande satisfaction de leur maître et seigneur, cet instrument ingrat.

Un fait tout matériel attriste singulièrement la vie du soir, seules heures de liberté que l'on ait en commun dans une famille ; l'éclairage japonais est très défectueux, de méchantes bougies fumeuses jettent une lumière douteuse et triste sur les objets; on use maintenant beaucoup de lampes de pétrole, mais leur éclat fatigant et leur odeur sont insupportables.

Vers neuf heures, on vient annoncer que le bain est prêt, c'est-à-dire que la cuve de bois placée dans un petit réduit sur la cour est pleine d'eau à 40 ou 45°. Chacun se rend à cette salle de bain, et se plonge dans la baignoire jusqu'à ce qu'il suffoque. Chez les petites gens il faut aller quérir son bain au dehors, on s'y rend alors de préférence avant le dîner. Mais nous les étonnons toujours quand nous exprimons nos craintes d'étouffer en nous plongeant dans l'eau pendant la digestion.

Enfin, à dix heures, on remplace les bougies par « l'audon », sorte de veilleuse placée invariablement à côté de tout dormeur ; on étend la moustiquaire en été, on étale par terre les « ficton », deux petits matelas de coton fort minces dont l'un forme lit, l'autre édredon, le « makura », petit billot de bois rembourré d'un rouleau d'étoffe où repose le cou, et toute la maisonnée s'endort d'un profond somme. Vie monotone et sans attraits, comme on le voit, et qui pousse, soit au spleen soit aux réactions violentes [1].

*
* *

Parmi les coutumes les plus curieuses et qui s'éloignent le plus des nôtres nous pouvons citer les funérailles et les mariages.

Nous empruntons à un missionnaire bien informé la description des enterrements japonais.

*
* *

En me promenant tantôt dans la ville, j'ai rencontré un bel enterrement païen. Je ne sais si je vous ai déjà parlé de ces sortes de cérémonies au Japon.

Selon que le mort était inscrit chez les shintoïstes ou chez les bouddhistes, c'est le kanmouschi ou le bonze qui préside aux funérailles.

---

1. *Le Japon de nos jours.*

Cette distinction du culte indiquée par la présence de l'un ou l'autre de ces ministres, ne signifie pas que, durant sa vie, le défunt ait été fidèle à l'un ou l'autre des deux cultes exclusivement. Les Japonais entendent plus largement les questions religieuses : ils vont indistinctement faire leurs dévotions aux temples de l'une ou de l'autre religion ; et si nous voulions consentir, nous autres catholiques, à ce qu'on adorât Jésus-Christ à côté de leurs dieux, ils iraient à nos cérémonies aussi bien qu'aux leurs.

Au surplus, ce qui se passe au Japon rappelle ce qui eut lieu dans la Rome païenne, où l'on offrit de placer le Christ dans le panthéon des dieux, et en Grèce, où, de peur d'oubli, on adorait jusqu'aux dieux encore inconnus.

Comme chez tous les peuples païens, le Japonais dévot n'est pas pieux ; il est superstitieux et n'adore les dieux que parce qu'il les craint. Pour lui, ce sont des êtres puissants, mais méchants et jaloux les uns des autres, toujours disposés à jouer de mauvais tours à qui ne les apaise pas par des présents. Je parle, bien entendu, des croyances du bas peuple, qui sont celles de la majorité, et non des gens instruits, lesquels sont imbus d'athéisme, de positivisme ou plutôt d'un orgueil poussé si loin, qu'ils ne croient qu'en eux-mêmes et n'adorent personne. Voilà pourquoi dans les grands centres on voit, comme chez nous, des espèces d'enterrements civils. Ainsi le veut le progrès de la civilisation.

Mais je reviens à la cérémonie shintoïste, dont j'avais commencé à vous parler.

Le prêtre shintoïste, ou kanmouschi était

revêtu d'une sorte de manteau rouge, il ouvrait la marche. De chaque côté de la rue, en tête du cortège, deux hommes portaient des lanternes en papier au bout d'un bambou. Derrière eux venaient dix porteurs d'énormes bouquets de fleurs de nénuphar en papier doré (vous savez que le nénuphar est la fleur sacrée du bouddhisme). Ces bouquets avaient au moins deux mètres de hauteur.

Souvent, au lieu de ces fleurs en papier doré, argenté ou de toutes autres couleurs, on porte autour d'un bâton d'énormes fagots de fleurs naturelles, surtout des branches de cerisier et de prunier fleuris. Deux voitures, se suivant, précédaient le cercueil. Elles contenaient deux jeunes filles, magnifiquement habillées de soie blanche. L'une portait les parfums destinés à être brûlés en l'honneur des mânes glorieuses du défunt : l'autre, des tablettes où était inscrit le nom : elles sont censées contenir l'âme même du mort.

*
* *

Le cercueil, déposé dans une riche litière en bois sculpté, était recouvert d'une splendide pièce de soie blanche, brodée d'or. Il était porté à dos d'hommes. Ordinairement (toujours autrefois) le cercueil est formé d'une caisse carrée où le mort est placé accroupi sur ses talons suivant la coutume japonaise, et faisant le salut nommé sowari. C'est la posture de cérémonie la plus révérencieuse. Mais le mort d'aujourd'hui était étendu à la mode occidentale.

La bière était suivie d'une double rangée de

voitures traînant des femmes en costumes éclatants et de couleurs variées : elles avaient la figure peinte et poudrée. C'étaient les épouses du mort. Comme leur nombre est ordinairement proportionnel à sa richesse, il arrive fréquemment qu'on loue pour la circonstance des femmes de toutes sortes avec des habits de cérémonie pour les faire assister aussi aux funérailles, afin d'accroître l'opulence apparente du défunt. Il en était probablement ainsi aujourd'hui, tant le nombre des femmes était grand.

On voit combien on est loin des temps barbares où les femmes s'immolaient sur la fosse de leur maître ; mais nous ne sommes pas ici dans les forêts de l'antique Germanie. Dans le Japon païen l'affection ne survit guère à l'enterrement : on y est plus pratique.

On voit encore quelquefois, mais plus rarement aujourd'hui, des pleureuses, dont on a loué les cris et les larmes, et dont le rôle est d'accompagner le corps en beuglant, le visage voilé.

Elles reviennent de la cérémonie en poussant les mêmes cris lamentables ; mais, rentrées au logis, on les fait boire et manger pour réparer leurs forces. Aux larmes et aux sanglots succèdent alors des éclats de rire presque aussi bruyants accompagnant une gaîté que j'ai lieu de croire peu honnête. Nous sommes ici en plein paganisme.

Chez les Aïnos, les enterrements sont différents.

Lorsque la mort fait un deuil dans une famille, c'est une immense calamité : il faut brûler la maison et avec elle l'esprit de la mort qui y est entré. Ensuite, toute la famille, tous les parents désolés doivent chômer pendant sept ou huit jours qu'ils consacrent à pleurer. Le huitième jour, qui est celui des funérailles, est un jour de pleurs redoublés, de cris lamentables.

Pour s'exciter à la douleur, tous les hommes sont armés d'une espèce de pilon en bois, gros et noueux, avec lequel chacun frappe sur son voisin, qui se hâte de rendre le coup qu'il a reçu. Les coups mutuels durent jusqu'à ce que le cortège soit arrivé au tombeau. Aussitôt que la terre a recouvert les restes de leur parent ou ami, commence une fête, où le miki fait oublier et les regrets, et les coups, et les meurtrissures qui en sont la suite.

Ce même pilon, le grand instrument des pleurs, comme on l'appelle, joue encore un autre rôle bien plus important parmi les Aïnos : c'est lui qui juge et termine tous les procès et toutes les disputes. Aussitôt qu'un différend s'élève entre deux personnes, un conseil d'amis est assemblé. Si la matière est grave, l'assemblée décide que le pilon seul peut trancher la difficulté. Donc, au jour convenu, les deux adversaires se rendent avec leurs amis sur le rivage. Chacun d'eux adresse sa prière aux esprits, aux dragons de la mer, et le duel commence immédiatement. On jette les sorts pour décider celui qui frappera le premier. Lorsque le sort a prononcé, le patient présente son dos à son adversaire, qui le frappe d'un certain nombre de coups réglés à l'avance. Le patient les reçoit en poussant de temps en temps de sourds gémissements ; le sang ne tarde pas à jaillir de ses épaules meurtries. Enfin le dernier coup est appliqué. La douleur a exaspéré la victime : le blessé se relève en poussant un cri féroce et rend coup pour coup tout ce que son ennemi vient de lui avancer. Si les deux parties ne paraissent pas épuisées et qu'aucune d'elles ne soit disposée à faire des excuses, l'épreuve recommence et dure aussi longtemps que les témoins ne font pas cesser cette atroce scène. Les blessures guéries, le duel recommence, jusqu'à ce que l'une des parties s'avoue vaincue : souvent la mort seule peut mettre fin à ce combat si barbare. Ces duels sont d'ailleurs si communs parmi les Aïnos, que tous les jeunes gens s'exercent de bonne heure à recevoir de ces coups sur le dos, pour endurcir leur peau et se préparer ainsi à défendre leur honneur et celui de leurs familles.

Si un Aïno gravement insulté refuse de se battre, ou si, pendant la lutte, il cède trop tôt à la douleur, il est condamné à mourir à la première préparation du boussou. Le boussou est un poison très violent, dont la composition est un secret que les Aïnos n'ont jamais voulu révéler à leurs vainqueurs, les Japonais. Malheur à celui qui trahirait le secret : s'il échappait à la vengeance de ses compatriotes, les dieux auraient soin de les venger. Ce poison, destiné à empoisonner les flèches, doit être soumis à une assez longue cuisson. Pour s'assurer de sa puissance et savoir si la cuisson a été portée au point voulu, on force le lâche qui a refusé de se battre ou, à son défaut, un criminel condamné, à tremper le doigt dans le mélange, à le porter ensuite à sa langue. Si la mort est à peu près instantanée, la composition est excellente : dans le cas contraire, c'est un mélange manqué, il faut recommencer.

Pour achever notre chapitre par quelque chose de moins triste qu'un enterrement, parlons un peu des mariages.

Chez les Aïnos les cérémonies du mariage sont les suivantes :

A quinze ou seize ans, l'entremetteur d'usage fait les derniers arrangements, et lorsque les deux parties sont d'accord, lorsque des présents ont été échangés entre les parents, l'entremetteur choisit un soir calme mais obscur, et conduit sans bruit la fiancée à la maison de son futur. Celui-ci est alors assis près du foyer avec ses parents et ses amis, causant de choses indifférentes, de tout, excepté du mariage. L'entremetteur entre, cachant la jeune fille derrière lui : les hôtes le saluent légèrement et se gardent bien d'apercevoir la fiancée. La conversation continue indifférente et froide, comme auparavant. La scène a d'ailleurs été préparée d'avance : des luminaires non allumés sont disposés en grand nombre dans toute la chambre. La lumière seule du foyer éclaire la scène ; on oublie peu à peu la présence de l'entremetteur qui se retire, laissant là la fiancée que personne ne doit regarder. Après quelques minutes, celle-ci se lève sans bruit et court allumer les lampes ou chandelles préparées pour la circonstance. C'est le signal de la fête, c'est-à-dire de copieuses libations de nuki, de danses et de chants.

═══ CHAPITRE IX. ═══

Religions.

LES Japonais ont deux religions, le sintô ou shintoïsme et le bouddhisme. Sintô est le nom sino-japonais de l'antique religion nationale, appelée dans l'idiome indigène kann-no-mitsi, « la voie des Génies ». Le sintô est le culte des âmes des morts et des forces de la nature, celui des génies (kami ou sin) qui vivent dans l'air ou sous la terre, culte d'ailleurs fort simple, dont la bible est le ko-si-ki, « l'Histoire des choses de l'antiquité » et dont les temples s'élèvent dans les lieux les plus riants, dans les plus beaux sites.

Les sectateurs du sintô s'appellent les sinsiou; les « gardiens » des temples sont les kannousi, conservateurs des rites, officiants des pantomimes ou représentations théâtrales célébrées en l'honneur des génies, vendeurs d'amulettes, de morceaux de bois sacrés enveloppés de papier, de paquets de riz offerts aux dieux, etc.

Le bouddhisme pénétra au Japon vers le VIᵉ siècle de notre ère par la Chine et la Corée.

C'était la religion des anciens siôgoun, et il a un temple célèbre à Nikko, le lieu de leurs tombeaux.

Il est sur beaucoup de points, en opposition directe avec l'enseignement originaire de Bouddha.

Une des images les plus vénérées et les plus populaires du bouddhisme japonais est l'image dorée de la Kouannon, « la déesse de la Miséricorde aux mille mains secourables », dont la

tête porte parfois une couronne de petits enfants.

JAPON. — Chef de Pagode, d'après une photographie.

Les temples bouddhiques (téra) sont d'ordinaire fort luxueux, surchargés d'ornements d'or.

Beaucoup servent aussi aux cérémonies du culte sintô : une simple natte sépare les deux sanctuaires; les deux religions qui coexistent au Japon ont d'ailleurs les mêmes fidèles.

Une foule de superstitions bizarres se remarquent dans l'existence journalière des Japonais.

Une ménagère ne s'avisera jamais d'acheter du sel à la nuit close ; elle aura soin, chaque fois qu'elle fait sa provision, d'en jeter quelques grains dans le feu, pour écarter toute mauvaise influence.

Un Japonais ne consentira jamais à dormir la tête tournée vers le nord et les pieds vers le sud, c'est la posture des cadavres.

Dans beaucoup de chambres d'auberge, on trouve indiqués par un tableau les quatre points cardinaux, afin que le voyageur puisse choisir la position de meilleur augure.

Si, en s'habillant, un homme ou une femme fait un nœud à « l'obi », longue ceinture qui s'enroule autour du corps, il proposera à quelque autre personne de le défaire pour lui porter bonheur. Il n'y a pas de plus mauvais présage que de casser en mangeant les baguettes dont on se sert en guise de cuiller et de fourchette.

Certaines années dans la vie sont particulièrement néfastes ; une femme ne dépasse pas sept, dix-huit, trente-trois, quarante-deux, soixante et un ans, un homme n'atteint pas sept, vingt-cinq et quarante-deux ans, sans qu'il ne lui arrive dans ces années quelque accident fâcheux.

Des histoires de fantômes, de revenants, d'esprits malins, alarment continuellement les femmes tandis qu'elles font pleurer les enfants et rire

les hommes. Toutefois plus d'un vieillard croit
sérieusement à l'existence des dragons « tatsin »
et « kirin » et du « kappa », serpent terrible qui
se tient au fond des lacs et happe les nageurs
imprudents. Pour eux les tremblements de terre
n'ont d'autre cause que les convulsions d'un
monstre souterrain qui occupe une partie du
Nippon. On n'en finirait pas si l'on voulait énu-
mérer toutes ces légendes populaires qui représentent les débris d'une mythologie aujourd'hui
insaisissable.

Les Aïnos croient aux esprits et aux génies ;
ils les redoutent et les invoquent, ils immolent
les vieux chevaux hors de service, les daims,
quelquefois les ours pris vivants, et ils font des
libations de riz et de saki (eau-de-vie de riz) à
des dieux innommés, un des rares vestiges du
culte qu'on trouve parmi eux. « Si on leur offre
une coupe de saki, pour lequel ils ont une déplorable prédilection, ils ne manquent pas, avant de
l'absorber, de porter les mains au visage et de
faire mille gestes d'adoration, en murmurant une
sorte de prière propitiatoire à un être inconnu.

Nous parlerons trop longuement du catholicisme et de son histoire au Japon pour qu'il en
soit question dans ce chapitre.

CHAPITRE X.
Industries et Arts.

L E Japonais fut de tous temps très indus-
triel, mais pendant de longs siècles il fut
surtout un imitateur habile. Aujourd'hui grâce à

ses relations avec l'Europe, il s'est lancé dans la
nouveauté. Mais là encore il imite un grand
nombre de nos produits, le cognac, les allumettes, les coffres incombustibles, les marques de
fabrique des meilleures maisons européennes,
etc., y sont fabriqués et copiés avec un rare
talent d'imitation.

****

Dans les arts mécaniques, les Japonais ont
incontestablement atteint une grande perfection.
Leurs faïences et leurs porcelaines, leurs étoffes
de soie, leurs broderies, leurs laques, leurs bronzes sont des ouvrages extrêmement remarquables
comme forme et comme couleur, comme ornementation et fabrication ; pour ces différentes
industries, non seulement ils rivalisent avec les
meilleurs produits de l'Europe, mais ils y peuvent
montrer des œuvres que nous n'égalerions pas
si même nous pouvions les imiter.

L'art de la céramique au Japon remonte à la
plus haute antiquité, mais l'industrie perfection-
née de la poterie y a été introduite par les
Coréens.

A la fin du XVIᵉ siècle, dix-sept familles de
potiers coréens, amenés au Japon à la suite de
l'expédition de Corée (1598), établirent leurs
fours dans la principauté de Satzouma, où leurs
descendants exercent encore la même industrie.

La découverte d'argile blanche faite, vers 1630,
dans les environs des fours de Naésoisgava, fut
le point de départ d'importantes améliorations :
de cette époque date la fabrication du satzouma
« blanc craquelé », si apprécié des connaisseurs.

Les plus anciens spécimens de cette faïence, qui, par ses qualités de couleur rappelle l'ivoire jauni, sont à peine ornementés; c'est plus tard seulement que les procédés décoratifs des faïenciers de Kiôto furent appliqués au satzouma, et que l'on se mit à employer l'or, l'argent et les matières colorantes.

Avota, faubourg de Kiôto, est célèbre aussi depuis des siècles par ses potiers d'origine coréenne : la fabrication de la faïence d'Avota est restée exclusivement entre les mains de dix familles, qui emploient toujours, pour la composition de la glaçure et la décoration, les procédés de leurs ancêtres.

Kiôto fabrique une variété de faïence appelée rakou-yaki, que les buveurs de thé les plus raffinés, ou tsia-zin, préfèrent à toutes les autres : elle a la propriété de conserver la chaleur, et, comme elle est fort tendre, elle produit à la bouche une sensation agréable.

*
* *

Quant à la porcelaime, dont l'industrie remonte à 1510, ses principaux centres de fabrication sont à Kiôto et dans les provinces de Hizen et d'Ovari, Comme pour la faïence, les procédés se sont transmis sans altération dans les mêmes familles.

Les plus célèbres porcelaines se fabriquent à Arita en Hizen ; on les connaît sous le nom de « porcelaines d'Imari », du nom de leur port d'expédition. Parmi les plus belles porcelaines de Kiôto, on cite l'ëira-kou-yaki, dont les produits, coloriés avec l'oxyde rouge de fer et ornés de dessins à l'antique en or, ont une réputation sans rivale.

*
* *

C'est vers la fin du XVIe siècle que les Chinois enseignèrent au Japon les procédés de fabrication des émaux cloisonnés sur métal. Le principal centre de cette industrie d'art, est Nagoya en Ovari. Dans ces derniers temps, on a appliqué les émaux cloisonnés à la porcelaine.

Les bronzes japonais sont des chefs-d'œuvre de fonte à cire perdue, d'une patine toujours belle avec ou sans incrustations d'or et d'argent. Ce sont les vieilles pièces qui ont les formes les plus pures. Les ciseleurs travaillent et incrustent magistralement l'ivoire, le bois et tous les métaux.

Les tisseurs fabriquent d'admirables étoffes de soie, des brocarts mélangés de fils d'or et d'argent, et les soies grèges s'exportent en Europe. L'industrie séricole est tellement répandue au Japon, que chaque province possède une ou plusieurs magnaneries : les provinces d'Ivasiro, d'Ouzen, de Sinano et de Kôdzouké sont les plus renommées pour leurs produits.

La soie japonaise est naturellement fine, mais les paysans la filaient irrégulièrement ; de grands progrès ont été récemment faits en ce sens, grâce à la création de la filature de Comioka, due à un Français.

L'Italie et la France achètent au Japon une grande quantité de graines de vers à soie.

Les Japonais fabriquent à présent des draps

Japonais fabricant une natte.

à la manufacture de Senzi, dont les produits chassent rapidement les draps étrangers. Ils tissent le coton, le chanvre, etc. ; de la paille de riz ils font des chaussures et tous les menus cordages ; ils tressent la paille et l'osier avec une habileté incomparable ; ils fabriquent en joncs les nattes les plus fines et les chapeaux communs ; ils font d'élégants chapeaux avec les feuilles du cycas revoluta.

Avec les tiges de bambou, ils fabriquent des stores, des nattes, des paniers, ils revêtent certains coffrets et objets de porcelaine.

Le bambou sert aussi à fabriquer les feuilles d'éventails, inspirées, s'il faut en croire la tradition, par les ailes des chauves-souris. Par sa longueur, sa légèreté, sa résistance, sa forme ronde et creuse, ses fibres droites et faciles à refendre en tous sens, le bambou rend au Japon une infinité de services qui en font l'essence la plus utile du pays.

***

Le papier le plus commun se fabrique avec l'écorce du mitsoumata, le bon papier avec le kozou.

Le papier japonais à fibres croisées est très résistant et imperméable quand il a été huilé avec l'abouraghi ! Grâce à cette qualité, les Japonais en font des vitrages et des cloisons mobiles pour leurs maisons, des bandages pour les plaies, des serviettes, des mouchoirs de poche, des cordes, des papiers-cuirs, des couvertures de parapluie, des capotes de voitures, des manteaux de pluie, des bâches.

Le papier-pelure, transparent, aussi résistant que celui du kozon, mais ayant une finesse et une souplesse incomparables, est fabriqué avec l'écorce du gampi.

De tous les pays, le Japon est peut-être celui qui consomme le plus de papier ; pour le papier imprimé, il arrive au troisième rang.

* *

Les Japonais fabriquent avec la résine d'*ourousi* diverses compositions pour laquer ou vernir les bois, et obtiennent ainsi des laques noirs, rouges, jaunes, jaune orangé, parsemés de paillettes d'or, verts, violets. Cette industrie admirable date de loin.

On conserve dans le temple de Todaïzi à Nara des boîtes en laque pour les livres de prières qui furent fabriquées, dit-on, au IIIe siècle.

Les laques anciens, infiniment supérieurs aux produits actuels, sont si solides, que ceux qu'on put retirer du paquebot le *Nil*, coulé près du cap d'Idzou avec son chargement d'objets d'art venant de l'exposition de Vienne, étaient parfaitement conservés après un séjour de quinze mois dans l'eau de mer.

En dehors de l'ornementation et de l'ajustement parfait du bois qui forme les dessous, l'application du vernis laqueux est une œuvre de longue patience. Nulle part on n'a poussé aussi loin le fini du travail, le raffinement de la fabrication et la perfection matérielle. C'est seulement depuis l'ouverture du port de Yokohama que le commerce des laques a pris une grande extension.

L'art de la teinture était jadis très florissant au Japon ; tout le monde admire les belles nuances de ses vieilles étoffes. Mais la teinture coûtait beaucoup plus que la soie tissée elle-même, et l'introduction des matières colorantes d'Europe a permis d'obtenir à bien meilleur marché des nuances moins solides, il est vrai, mais qui, neuves, produisent le même effet.

On a abandonné d'ailleurs ces magnifiques costumes qui faisaient partie essentielle du cérémonial de l'ancien gouvernement ; jadis le mikado, de même que l'empereur de Chine, ne portait que des vêtements jaunes; les vêtements des femmes même ont plus de simplicité ; et l'ancien art de la teinture, l'une des gloires de Kioto, est en décadence.

La tannerie n'était pas en honneur sous l'ancien régime ; ceux qui travaillaient les peaux étaient appelés *Étas* et formaient une caste méprisée ; on les considérait comme des êtres impurs et on les parquait dans des endroits déterminés ; du reste, ils étaient peu nombreux, car on employait fort peu de cuir. La révolution a affranchi les tanneurs du régime d'exception auquel ils étaient condamnés, et l'industrie des cuirs s'est développée depuis lors.

Les Japonais fabriquent aujourd'hui le verre, et délaissent de plus en plus le miso ou cristal de roche, fort employé naguère. Ils possèdent au plus haut degré l'entente de tous les travaux du bois ; menuisiers ou ébénistes, ce sont les premiers ouvriers du monde.

* * *

L'art japonais est essentiellement décoratif et il exerce en ce sens une influence considérable sur notre propre industrie. Le décor japonais est remarquable surtout par un exquis sentiment de la nature.

« Au contraire des Européens, qui cherchent toujours, à défaut de la symétrie, le balancement des lignes et des surfaces, les Japonais, dit A. Darcel, affectent le plus souverain mépris pour les axes et les milieux. Ils jettent une fleur, un animal sur le bord d'un plateau et cela leur suffit. Ils feront traverser le champ qu'ils ont à décorer par une branche de bambou, de glyeine ou de pin dont on ne voit ni le commencement ni la fin. Quelques roseaux, une ligne d'eau et une grue qui s'envole leur suffiront ; tout cela, indiqué avec esprit par ses lignes les plus caractéristiques, et, si la couleur intervient, massé par de grandes teintes plates, toujours harmonisées, même dans les colorations les plus violentes. »

« Le trait distinctif de cet art, dit de son côté Charles Blanc, n'est pas la vérité comme on l'entend dans les autres écoles, mais au contraire une interprétation libre, vive et spirituelle de la nature. Loin de s'en tenir à la réalité, l'artiste de Yédo, saisit avant tout l'esprit des choses. Il excelle au croquis, ce qui signifie que, parmi les traits innombrables dont se compose une figure vivante et émouvante, il choisit les lignes essentielles et néglige les autres. Tout ce que son œil aperçoit, son crayon le dit sommairement, à peu de frais...

« Les dessinateurs de l'Extrême-Orient ont appris à regarder la nature en clignant des yeux, à ne voir d'abord que l'ensemble, les contours décisifs, les principaux noirs, sans demi-teinte, à discerner du premier coup d'œil les taches indicatives de la coloration et à se taire sur tout le reste. De cette manière on a formé des interprètes de la nature plutôt que des imitateurs naïfs. »

CHAPITRE XI.

Commerce. — Voies de communication.

L E Japonais, dit-on, est bien moins apte que le Chinois aux transactions commerciales; il n'apporte pas dans les affaires la décision du grand négociant chinois ; surtout il manque de cet admirable esprit d'association qui rend la Chine si puissante et si redoutable.

Les compradores, les principaux agents ou commis des maisons de commerce du Japon sont des Chinois ; pas une banque dont tous les employés ne soient des Célestes.

Tandis que les Occidentaux croyaient trouver au Japon un débouché pour leurs produits, les Japonais, gens avisés et de mœurs simples ! vivant de peu, manquant de besoins et de désirs, n'achètent que fort peu d'articles fabriqués par nous, l'exportation du Japon atteint environ le chiffre de 250 millions de francs. Elle est principalement représentée par la soie et le thé. Vien-

nent ensuite le riz, le cuivre, le tabac, le poisson
séché, la houille, les métaux précieux, le camphre.
La soie japonaise est moins belle que la soie

Marchand japonais et sa femme.

chinoise, et quant au thé, il ne convient guère
qu'aux consommateurs américains, tous les autres
pays demandant leur provision annuelle à la

Chine. L'un des traits caractéristiques du Japon, c'est que le commerce n'a pas lieu à une saison déterminée comme en Chine; il dure au contraire presque toute l'année, jamais sans grande activité, mais aussi sans longues interruptions.

Les pays qui traitent le plus d'affaires avec le Japon sont dans l'ordre d'importance (entrées et sorties réunies), les États-Unis, l'Angleterre, la Chine, la France et l'Allemagne. Les États-Unis figurent pour plus de 200 millions : ils achètent surtout du thé, des soieries, un peu de camphre, quelques porcelaines et importent des huiles minérales. L'Angleterre et l'Inde expédient des cotonnades, des machines et exportent de la soie, du riz et du thé. Notons cette particularité que, contrairement à ce qui a lieu partout ailleurs, nos voisins d'outre Manche voient leur chiffre d'affaires rester à peu près stationnaire. Les Américains leur font une concurrence des plus redoutables, et depuis peu les Allemands viennent leur disputer le marché avec une ténacité qui ne laisse pas d'être inquiétante. La Chine, au contraire, voit chaque jour ses transactions augmenter au Japon, et son mouvement commercial dans ce pays peut se chiffrer par 100 millions de francs. Elle importe du sucre, du coton et exporte du cuivre, du poisson conservé, du camphre, de la colle végétale, des herbes marines préparées pour l'alimentation, du charbon, des allumettes.

Nous ne trouvons pas dans ce relevé un article spécial qui, comme la soie et le thé pour les États-Unis, et la soie pour la France, se trouve dans une situation tellement prépondérante par rapport aux autres marchandises, que le chiffre des affaires concernant celles-ci paraisse en comparaison presque insignifiant ; mais par contre, de nombreux articles contribuent à grossir le chiffre total, et de plus il y a un fait qu'il est important de signaler : les importations sont supérieures aux exportations.

La Chine vend plus qu'elle n'achète au Japon.

La France occupe un rang assez important, puisque son mouvement d'affaires représente environ 80 millions, mais nos importations ne figurent tout au plus que pour un tiers, consistant surtout en tissus de laine et en mousselines.

Dans ce chiffre il faut encore faire entrer l'horlogerie suisse qui est importée par navires français. En revanche, les produits que nous achetons au Japon, représentent une valeur de plus de 50 millions, consistant surtout en soies destinées à approvisionner le marché de Lyon.

Quoique nouvellement arrivés dans l'Extrême-Orient, les Allemands y occupent une grande situation et étendent leurs débouchés avec une activité incroyable. Au Japon leur importation n'est caractérisée par aucune spécialité proprement dite ; mais pour beaucoup d'articles elle arrive à des chiffres relativement élevés.

Cet état de choses démontre plus encore qu'une prépondérance marquée sur un point spécial, un progrès rapide dans le mouvement commercial. Les représentants des maisons allemandes se font remarquer par leur initiative : ils ont le génie de l'offre, et au Japon leurs échantillons se répandent partout.

Jusqu'à présent, l'Allemagne a surtout vendu

des lainages, et à l'heure actuelle, son chiffre
d'affaires représente plus de 30 millions de francs,
chiffre d'autant plus considérable que les produits
vendus par le Japon à l'Allemagne ne représentent
que la valeur de 5 millions de francs, dont la
moitié consiste en riz.

L'Allemagne vend aux Japonais cinq fois plus
de marchandises qu'elle ne leur en achète, aussi
gagne-t-elle chaque jour du terrain et est-elle
destinée à supplanter, dans cette partie de l'Asie,
l'Angleterre, dont les nationaux ne se font aucune
illusion sur la concurrence qu'ils auront à soutenir.

Le Japon possède aujourd'hui quelques chemins
de fer et des bateaux à vapeur : mais à l'intérieur les plus nombreuses voies de communication
sont encore les anciennes routes carrossables
seulement dans les plaines, aux environs de
Tôkio, de Kiôto et d'Osaka, et les seuls moyens
de transport sont encore l'ancien kago, chaise à
deux ou quatre porteurs de plus en plus aban-
donnée, ou le cheval de bât que conduit un betto,
ou la moderne djenrikicha, léger char à deux
roues tiré par un ou deux coureurs, les Japonais
n'attelant aux chars ni les chevaux ni les bœufs.

Tantôt voies magnifiques, bordées d'arbres
séculaires, larges, pavées, bien entretenues, en-
tourées, à proximité des fleuves, de digues, de
canaux et d'aqueducs; tantôt montées raboteuses,
mal empierrées ; tantôt encore simples sentiers
de montagnes serpentant en gradins au milieu
des rochers, partout semés de sabots de paille
de riz qui remplacent le fer aux pieds des bêtes
de somme, les protègent contre le tranchant des

pierres et le glissant des pentes ; souvent bou-
eux aux alentours des villes, hachés en quelque
sorte par les planchettes verticales des hata ou
ghetta, escabeaux de bois qui constituent la plus
incommode des chaussures, les anciens chemins
du pays sont peu à peu réparés, complétés et
régularirés.

Le Japon est relié au continent par le fil
télégraphique danois qui va de Nagasaki à Chan-
ghaï et de Nagasaki à Vladivostok (Sibérie).
Tous les points importants du pays sont reliés
entre eux et à Nagasaki par des lignes télégra-
phiques terrestres ou sous-marines.

CHAPITRE XII.

Mesures. — Poids. — Monnaies. — Temps.

LES mesures dont on fait usage de nos jours
sont en laiton, en baleine, en acier ou en
bambou. Elles sont divisées d'après le système
décimal. Le shaku, ou pied japonais, sert d'unité :
il se divise en sun, bu, rin et mô. Un sun vaut
$^1/_{10}$ de shaku; 1 bu, $^1/_{10}$ de sun; 1 rin, $^1/_{10}$ de bu et
1 mô $^1/_{10}$ de rin. Le seul multiple du shaku est
le jo qui égale 10 shaku. Le shaku vaut 0,30303.
Il y a deux sortes de shaku : l'une, que nous
venons de décrire, dite kané skaku, et l'autre, dite
kujita shaku, qui a une longueur supérieure de
25 pour cent, et qui est uniquement employée
pour mesurer les étoffes.

Bien que l'on ne se servît autrefois que de ces

deux mesures, il arrivait pourtant qu'elles va-
riaient en longueur selon les localités. Cet état de
choses a cessé d'exister, car le gouvernement a fait
distribuer de nouvelles mesures dans toutes les
parties du Japon, mesures basées sur les anciens
étalons. En effet, au mois d'août 1875 (huitième
mois de la huitième année de Meji), parut un
décret défendant l'emploi de mesures autres que
celles que le gouvernement venait d'adopter.

Le masu ou mesure de capacité japonaise est
employé pour mesurer les liquides, les grains,
etc. Parmi les mesures qui portent ce nom, celles
qui sont employées pour les grains se nomment
koku masu, les autres midzu masu. Les koku
masu sont bordés de fer et divisés diagonalement
par une tringle de fer. Ces mesures sont généralement faites avec le Hinoki (chama Cyparis
obtusa) : toutefois nous ferons remarquer que
les midzu masu n'ont ni bordure en fer ni tringle intérieurement.

Le koku masu d'un shô a 4 sun 9 bu de côté
et une profondeur de 2 sun 7 bu 1 rin intérieurement. La tringle en fer a 1 bu 8 rin de largeur et 1 bu 9 rin 5 mô d'épaisseur.

Les midzu masu sont identiques, moins la
tringle en fer. Ces deux sortes de mesures con-
tiennent 64 sun 8 bu 2 rin 7 mô cubes, ce qui
correspond à 1 litre 803,906.

Ces mesures de capacité sont aussi basées sur
le système décimal et se divisent en shô, shaku,
sai, satsu. Les multiples sont le to, qui vaut 10
shô, et so su, qui vaut 10 to.

*
* *

Il existe plusieurs espèces de balances. La plus répandue est la romaine ; les balances ordinaires à deux plateaux sont rares. Le fléau de la romaine est en bois ou en ivoire. Un des bras porte un plateau en cuivre jaune ou un crochet. Le poids, qui est invariable, est ou en cuivre jaune ou en fonte quand il est d'une certaine grosseur. L'unité de mesure est le momme, qui égale 3^{gr}, 7565217. Les sous-multiples sont le fun, le rin et le mô. Son seul multiple est le ruwan, qui vaut 1000 momme.

On se sert aussi, dans certains cas, d'un poids nommé kin, qui égale 160 momme ou 601^{gr}, 04. Il y a également des kino valant 120 momme, 100 momme seulement.

*
* *

Les avis sont partagés sur l'origine des monnaies au Japon ; toutefois le ministère des finances, se fondant sur l'opinion qui lui a paru la plus logique, a publié un ouvrage en plusieurs volumes intitulé : *Dai Nippon Kuwa heishi*, qui nous dit que dès le Ve siècle, il existait au Japon des pièces de monnaie en argent sur lesquelles étaient gravées des fleurs. Cependant, comme nous savons que la première mine d'argent n'a été découverte au Japon qu'en l'année 975, c'est-à-dire pendant la troisième année du règne de l'empereur Temmu, nous sommes forcés de croire que l'argent qui a servi à la fabrication de ces pièces devait avoir été importé de Corée ou de Chine.

L'histoire nous dit qu'à cette époque on frappa de la monnaie d'argent, mais elle ne nous donne à ce sujet aucun détail.

En 699, pendant la troisième année du règne de l'empereur Mommu, on fonda l'Hôtel des Monnaies, chargé de fabriquer les pièces de monnaie qui devaient être mises en circulation.

Ceci prouve que, par suite du besoin qui s'en était fait sentir, la monnaie était déjà assez répandue au Japon. En 708, pendant la première année de la période de Wadô, sous le règne de l'empereur Gemmo, on découvrit à Chichibu, dans la province de Musashi, une mine de cuivre dont les minerais furent employés pour frapper des monnaies.

Ces pièces portaient les caractères chinois : Wado kai chin, ce qui signifie : Monnaie de cuivre faite pour la première fois avec du cuivre japonais. L'année suivante, le gouvernement fit paraître un décret défendant aux particuliers de frapper des monnaies d'argent et interdisant la circulation de celles qui pourraient être ainsi frappées.

En 760, pendant la quatrième année de la période Tempei hôji, l'empereur Junjin établit un nouveau système monétaire (or, argent et cuivre) et fit frapper des pièces avec ces trois métaux. La pièce d'or, qui pesait un peu plus de 8 momme 1 fun, portait les caractères chinois : Kaiki Shônô, ce qui veut dire : chose précieuse nouvellement faite. Quelques spécimens de ces pièces sont conservés dans le temple de Horinji, à Nara, province de Yamato. Les pièces d'argent qui valaient la dixième partie des précédentes

portaient les caractères Taihei Genhô, littéralement : chose précieuse, base de paix.

Les pièces de cuivre valaient $^1/_{10}$ des pièces
d'argent; elles portaient les caractères: Man non
tsû hô, c'est-à-dire : chose précieuse en circulation perpétuelle. Pendant le cours de la première
année de la période Tempei Jingo, sous le règne
de l'impératrice Shotoku, on émit une nouvelle
monnaie de cuivre portant les caractères: Jingo
Kaï hô, ce qui signifie : chose précieuse d'une
auguste impératrice. Ces pièces furent mises en
circulation concurremment avec les anciennes
monnaies.

Après plusieurs modifications dans le système
monétaire, l'empereur Daigo frappa en 907,
époque correspondant à la septième année de la
période Engi, une nouvelle monnaie appelée
Engi Tsuhô. Ces pièces furent remplacées par
d'autres nommées Ken gen Taihô pendant la
deuxième période Tentoku, sous le règne de
l'empereur Murakami, c'est-à-dire en 958.

Du milieu du Xe siècle au commencement du
XIe, on se servit beaucoup de sable d'or en guise
de monnaie.

A partir du XIVe siècle, la puissance des mi-
kados diminua, et on vit apparaître de plus en
plus les pièces de monnaie mises en circulation
par des particuliers. Sous le règne des shôgun
de la dynastie d'Ashikaga, les pièces de cuivre
étaient presque toutes chinoises; les plus répan-
dues étaient nommées Eiraku Tsûhô, frappées
en Chine pendant la période de Eiraku, sous la
dynastie des Mings, c'est-à-dire au commencement du XIVe siècle. A cette époque le Japon

était bouleversé par des guerres civiles incessantes entretenues par les grands seigneurs féodaux, qui étaient indépendants et battaient monnaie selon leur fantaisie, lorsque Fackô-Hideyoshi les réduisit au vasselage et fit frapper des monnaies d'or et d'argent dont la circulation ne put cependant se généraliser.

Le système monétaire ne fut centralisé qu'à partir de l'établissement des shôgun de la dynastie des Tokugawa, c'est-à-dire en 1615, pendant la première période de Genna. A partir de ce moment, le droit de battre monnaie appartint exclusivement aux shôguns, qui modifièrent plusieurs fois la valeur des monnaies. Pendant la première année de Meyi, après l'établissement du gouvernement actuel, on fit construire un nouvel Hôtel des Monnaies où l'on frappa les pièces qui sont actuellement en usage et en circulation.

Ces pièces nouvelles comprennent des étalons en or, des pièces d'argent et de cuivre. En outre pour faciliter les échanges, on a fait depuis des pièces en argent, nommées Bockigin ou pièces commerciales, *trade dollar*.

*
**
*

Pour la mesure du temps, les Japonais ont adopté notre calendrier. Quoique les jours de Tôkiô commencent plus de 9 heures avant ceux de Paris et de 6 à 7 heures après ceux de San Francisco, les dates sont les mêmes au Japon qu'en France : en traversant le Pacifique de Yokohama à San Francisco, c'est-à-dire à l'encontre du soleil, on compte le même jour deux fois ; dans la traversée en sens inverse on saute un jour du calendrier.

Avant l'adoption de notre calendrier, le jour de 24 heures était partagé en deux parties, comprenant chacune six heures, qui étaient : la quatrième, la cinquième, la sixième, la septième, la huitième et la neuvième.

Ces heures étaient variables avec les saisons, les heures du jour étant plus longues en été que celles de la nuit et moins longues en hiver, elles valaient en moyenne deux à trois de nos heures. Pour dire : il est midi ou minuit, on disait : il est neuf heures du jour ou de la nuit.

CHAPITRE XIII.

Relations de l'Europe et de l'Amérique avec le Japon.

LES relations du Japon avec les puissances occidentales ont commencé, il y a plusieurs siècles par le désir de faire en grand un commerce capable de produire de gros intérêts. Puis elles cessèrent brusquement par la persécution qui exclut tous les Européens de l'Empire du soleil levant. Seuls les Hollandais gardèrent leurs rapports et se maintinrent dans l'île de Décima. Ainsi se passa le XVIIIme siècle tout entier ; mais au XIXme avec les moyens de locomotion plus rapides et plus nombreux le Japon ouvrit de nouveau ses portes.

Après avoir jeté un coup d'œil sur le passé, nous allons raconter avec détails quelques-uns des événements diplomatiques qui amenèrent cette réouverture.

***

En 1611, les Hollandais eurent l'autorisation de créer une factorerie ; en 1613, les Anglais obtinrent la même faveur. Toutefois le Japon se réserva le droit de modifier ou de restreindre toutes les concessions faites, et le commerce, réduit aux comptoirs de Nagasaki et de Firando, se développa lentement ; un instant associés aux Hollandais, les Anglais abandonnèrent bientôt la place (1623), et échouèrent dans les efforts qu'ils tentèrent depuis pour rentrer dans leurs anciens droits. Une nouvelle dénonciation contre les Portugais, confinés dans l'île de Décima, amena leur expulsion complète par l'édit de 1637, qui interdit rigoureusement à tout Japonais de sortir du pays, ou d'y rentrer s'il en était sorti ; qui prohiba le christianisme en termes absolus, mit à prix la tête des prêtres, et bannit à jamais la race portugaise.

En 1640, quatre ambassadeurs portugais furent saisis contre le droit des gens, et donnèrent leur vie pour JÉSUS-CHRIST, ce fut le dernier signe de présence des Portugais au Japon.

Les Hollandais restèrent seuls, enfermés dans l'île de Décima, humiliés profondément et réduits à un commerce qui ne devait pas excéder un navire et deux millions par an ; ils ne se maintinrent pendant cent cinquante ans qu'à force de patience obstinée, et aussi d'abaissements sans nom.

Un autre danger les attendait au commencement de ce siècle. L'Angleterre, maîtresse de Java en 1806, voulut à tout prix s'emparer de la factorerie hollandaise, qui fut conservée à son pays par l'inébranlable courage de M. Henry Doeff. Une nouvelle et coupable aggression d'une frégate anglaise, *Le Phaéton,* qui abusa du pavillon hollandais, en 1808, n'eut pas plus de succès et ne fit qu'augmenter chez les Japonais la haine des Européens.

Les Russes échouèrent en 1802 et en 1804 lorsqu'ils envoyèrent le capitaine Laxman, et l'ambassadeur, M. de Resanoff, et les actes de barbarie exercés sur l'île Saghalien ajoutèrent encore à ces sentiments hostiles.

Cependant ce mouvement immense qui paraît dans notre siècle devoir rapprocher les races et les peuples dans l'unité de civilisation, et par celles-ci dans l'unité chrétienne, ce mouvement devait s'étendre jusqu'au Japon.

****

En 1852 le commodore Perry, qu'une étude sérieuse des documents anciens avait initié à la connaissance des institutions et du caractère du peuple japonais, proposa des plans au gouvernement de Washington : l'expédition, si conforme d'ailleurs au sentiment national, fut résolue et entreprise.

Perry lui-même fut chargé de commander l'escadre, et investi des pouvoirs les plus étendus pour la conclusion d'un traité. Ses instructions eurent surtout pour objet l'établissement, en des places convenables, de dépôts de charbon pour les vapeurs franchissant la mer Pacifique et l'ouverture d'un ou de plusieurs ports de refuge et d'approvisionnement pour les baleiniers et les autres navires américains.

Pour maintenir la discipline de l'escadre et garantir le secret des opérations, le commodore ne voulut admettre sur ses vaisseaux aucune personne étrangère à la marine américaine quels que fussent d'ailleurs la valeur et les titres de l'individu et les services qu'il eût pu rendre: préférant sagement recueillir pour le présent moins de fruits scientifiques et sacrifier tout autre intérêt à l'intérêt principal.

Il édicta de plus cette mesure de rigueur, que tous les journaux rédigés à bord seraient considérés comme la propriété du gouvernement, jusqu'à ce que le département de la marine eût permis de les rendre publics. Enfin la correspondance des personnes de l'escadre ne devait renfermer aucun détail relatif à l'expédition.

Le commodore partit le 24 novembre 1852, sur le vapeur le *Mississipi*. Son escadre devait le rallier dans les mers de Chine.

Il était à Hong-Kong le 7 avril 1853. Il y trouva réunis la plupart de ses bâtiments, et le 28 avril il se dirigea vers Chang-Haï pour garantir ses nationaux menacés par l'insurrection chinoise et qui avaient réclamé la protection de l'honorable Humphrey Marshall, ministre des États-Unis en Chine. Le commodore laissa le *Plimouth* en station à Chang-Hai, pour la protection des intérêts américains ; mais il ne consentit point à différer son départ et poursuivit sans hésitation sa mission officielle.

Le 26 mai, il parut devant Napha, le principal port de la grande île Liou-kieou. Il n'obtint qu'avec peine et après de longs pourparlers l'ouverture des rapports avec le régent : le prince des Liou-kieou, enfant de onze ans, se trouvait, dit-on, malade et fut invisible.

Il fit explorer l'île principale au point de vue géologique, afin de connaître, s'il en existait, les gisements de charbon. En même temps il voulut obtenir une résidence temporaire dans l'île.

C'est ici l'occasion de signaler les allures conquérantes du peuple américain. Les autorités indigènes refusaient l'autorisation, pour les officiers, de demeurer à terre.

« Mais, dit la narration officielle, nos officiers « avaient reçu l'ordre de se procurer une maison, « et ils résolurent d'obéir : ils laissèrent l'un « d'entre eux avec l'interprète pour dormir dans « l'édifice, et les autres revinrent au vaisseau « rendre compte au commodore. L'officier et « l'interprète occupèrent deux des nattes pendant « cette nuit, et les insulaires dormirent sur les « autres. Ce n'était donc pas, est-il ajouté, pren- « dre possession d'une demeure par la force, « ainsi qu'on l'a représenté. »

Les Américains, aux Liou-kieou poursuivirent ainsi le but de leur expédition aussi loin qu'il leur parut possible de l'étendre : ils menèrent à fin chaque résolution annoncée, donnant toujours à connaître qu'il serait périlleux de leur tenir tête. C'est le système absolu des Américains dans la voie de la domination violente et des intérêts matériels. Mais ici la politique japonaise, avec sa souplesse et ses subtilités, fatigua ses adversaires par une résistance passive et par une réaction incessante, n'accordant aux Américains, dans cette campagne, que des concessions secondaires et des avantages de peu de valeur.

***

Des îles Liou-kieou, l'escadre américaine partit pour le Nippon, et le 8 juillet, elle jetait ses ancres devant Uraga, cité considérable située sur le littoral ouest de la baie d'Yédo. Un des bateaux de garde vint apporter un message : c'était l'ordre, écrit en langue française, de se retirer immédiatement sous la menace d'être traité comme ennemi. Le commodore fit répondre qu'il voulait traiter avec la principale autorité d'Uraga, et que, si les bateaux de garde ne s'éloignaient pas, il allait les faire disperser par la force. Les bateaux s'éloignèrent.

Le lendemain le gouverneur de la ville se rendit à bord, et fut reçu par les capitaines Buchanan et Adams. Ce personnage insista d'abord afin que le commodore se rendît à Nagasaki, place déterminée par les lois pour toutes les affaires étrangères. Les officiers américains répondirent au gouverneur que le commodore Perry, porteur d'une lettre officielle du président des États-Unis pour l'empereur du Japon, n'irait point à Nagasaki, et ne remettrait son message qu'à l'un des principaux ministres du Siogoun, dans l'Uraga, si l'on voulait, ou, s'il était nécessaire, dans la capitale même, c'est-à-dire à Yédo.

Le plan officiel du commodore était de réclamer comme un droit tous les procédés en usage dans les nations civilisées, et de n'endurer aucune avanie déshonorante pour le pavillon. Les équipages américains furent tenus sur le pied de combat durant toute l'expédition.

Trois jours furent demandés par le gouverneur afin d'informer sa cour : Perry les accorda.

Cependant les bateaux américains exploraient la baie d'Uraga et celle d'Yédo. Le gouverneur ayant fait des réclamations en alléguant que cet acte était prohibé par les lois japonaises, on lui répondit que la loi américaine le commandait, et que les Américains devaient obéissance à la loi américaine plutôt qu'à la loi japonaise.

La réponse de la cour arriva le 12 juillet : l'empereur consentait à déléguer un prince de son conseil uniquement pour recevoir le message du président des États-Unis, mais non pour entrer en conférence et discuter, dès lors, les conditions d'un traité. Ce fut le prince d'Idzu, qui devait accompagner celui d'Iwama, selon la coutume japonaise d'associer toujours deux personnes dans les missions politiques.

On construisit sur le rivage, auprès du bourg de Sori Hama, un édifice en bois destiné pour l'entrevue officielle. Le commodore s'y rendit le 14 juillet avec une escorte nombreuse, près de trois cents personnes : les Américains déployèrent en cette circonstance l'appareil le plus imposant. Dans l'entrevue, le commissaire impérial Toda-Idzu-No-Cami, premier conseiller de l'empire, et Ido-Iwami-No-Cami, immobiles, comme des statues, ne proférèrent pas une seule parole et ne firent aucun mouvement, si ce n'est pour se lever et saluer à l'entrée et à la sortie le commodore américain.

Le commissaire impérial remit en échange un acte de réception écrit au nom de l'empereur. Il était exprimé dans cette pièce que les affaires des étrangers s'étaient constamment traitées, non pas à Uraga, mais à Nagasaki ; mais qu'il avait été représenté que l'amiral (titre que prenait le commodore afin d'être considéré selon sa dignité et parce que son grade était en effet le plus élevé de la marine des États-Unis) s'en trouverait insulté dans sa qualité d'ambassadeur du président ; et que pour cette cause on recevait la lettre à Uraga par dérogation aux lois de l'empire. Mais Uraga n'étant point désignée pour traiter d'aucune affaire avec les étrangers, nulle conférence ni délibération n'y pouvaient avoir lieu. La conclusion était celle-ci : La lettre étant remise, vous n'avez qu'à partir.

Après quelques moments de silence, le commodore fit savoir que dans deux ou trois jours il mettrait à la voile pour les Liou-Kiou et Canton, et qu'il reviendrait en avril ou mai de l'année suivante, afin de recevoir la réponse de l'empereur.

*
* *

Cette parole fut tenue. L'escadre américaine revint le 11 février dans la baie d'Yédo. Le lieu d'entrevue fut Yokohama, à huit milles d'Yédo. On y éleva des pavillons pour les conférences, et le cérémonial fut réglé scrupuleusement à l'avance.

La première conférence devait avoir lieu le 8 mars.

Pendant ce temps l'exploration de la baie fut entreprise et conduite activement. Les Japonais protestèrent ; mais le commodore, attachant une importance essentielle à cette opération, non seulement, dit-il, dans l'intérêt prochain de l'expédition, mais dans l'intérêt général du monde civilisé, avait résolu de l'accomplir, et il l'accomplit.

Les Américains avaient choisi Yokohama, village considérable entre Kanagawa et le faubourg d'Yédo, nommé Sinagawa, comme étant pour les vaisseaux d'un accès plus facile que la cité même de Kanagawa. Le 8 mars fut désigné pour le premier jour des conférences.

Les commissaires avaient une apparence vraiment solennelle, et leurs manières pleines de gravité firent une grande impression sur les Américains.

Le traité des États-Unis avec la Chine fut proposé par le commodore pour servir de modèle; mais les commissaires japonais refusèrent d'admettre aucune assimilation.

Les présents américains furent acceptés, notamment un appareil de télégraphie, un daguerréotype et un modèle de machine à vapeur. Après discussion, les ports de Simoda dans l'île de Nipon et d'Hakodaté, près de Matsmaï, furent choisis par les plénipotentiaires.

Leur ouverture immédiate fut consentie. Enfin le traité fut signé.

***

Au moment où le traité venait d'être conclu, nous trouvons dans la narration américaine un fait singulier et qui met bien en lumière l'esprit japonais, avec son désir de connaissances et son énergie pour ainsi dire sans limites :

Deux Japonais avaient remis une lettre à des officiers américains descendus à terre, et, mettant le doigt à leurs lèvres, avaient disparu. Dans la lettre, ils exprimaient la demande instante d'être conduits aux Etats-Unis, afin d'y acquérir des notions scientifiques: ils ajoutaient qu'ayant appris dans les livres combien grande était la perfection en Europe et en Amérique, ils avaient désiré depuis bien des années de visiter et connaître les cinq grands continents, mais la loi rigoureuse leur avait interdit cette satisfaction. Ils avaient essayé, disaient-ils, de passer à bord des vaisseaux américains au mouillage de Yoko-Hama, et ils annoncèrent l'intention de renouveler leur tentative pendant la nuit suivante.

En effet, vers deux heures du matin le 25 avril, deux hommes s'approchèrent sur un esquif et accostèrent le vapeur le *Mississipi :* renvoyés par le capitaine vers le vaisseau amiral ; ils y passèrent, laissant aller leur embarcation en dérive. C'étaient des hommes d'excellentes manières, appartenant à la noblesse comme on le voyait par leurs deux épées.

Le commodore leur fit témoigner son regret de ne pouvoir les admettre à son bord, s'ils n'avaient une licence préalable de leur gouvernement. Ils parurent vivement affligés, déclarant que, s'ils retournaient à terre ils perdraient infailliblement la vie, et ils implorèrent la faculté de demeurer.

Cette faculté leur fut refusée avec douceur, mais avec fermeté, dit la relation officielle.

Une longue discussion s'ensuivit, dans laquelle les deux Japonais employèrent tous les arguments qu'ils purent imaginer en invoquant l'humanité des Américains. Mais un bateau fut mis à la mer, et, après une faible résistance de la part des Japonais, ils furent reconduits au rivage.

Le lendemain un interprète vint à bord et demanda si deux indigènes, égarés d'esprit, n'étaient pas allés durant la nuit à bord d'un navire américain. On répondit qu'on l'ignorait.

Le commodore envoya des officiers intercéder pour les deux Japonais. On lui fit dire de ne concevoir aucune inquiétude, cette affaire étant de nulle importance.

Cependant les deux malheureux gentilshommes furent enfermés dans une espèce de cage et furent vus ainsi par des officiers américains. L'un des Japonais remit à ces officiers quelques lignes, écrites sur un morceau de bois. Ces lignes étaient des sentences d'une résignation stoïque, et l'on n'y trouvait aucune plainte contre les Américains. La dernière parole était très belle : si nous pleurons nous paraissons des fous, si nous rions, d'impudents scélérats : à des malheureux tels que nous on ne permet que le silence. Le commodore apprit quelques jours après qu'on avait transféré ces pauvres gens à Yédo, le gouvernement impérial les ayant réclamés dans sa juridiction. Les Américains ignorèrent leur sort final, mais espérèrent qu'une dérogation serait faite en leur faveur à la sanguinaire législation de l'Empire. Le commodore affirme qu'il en a reçu la promesse. Mais on n'est pas rassuré par ses espérances, et il est triste de penser que ces deux Japonais auront pu être victime de leur noble désir et de l'inhospitalité des Américains.

*
* *

Au moment où l'escadre américaine s'éloignait d'Yédo, l'amiral russe Poutiatine se présentait pour la première fois devant Nagasaki (20 août 1854), remettait la demande préliminaire à un traité et s'éloignait pour revenir après quelques mois.

A l'entrée de la campagne militaire de 1855, la garnison russe de Pétropavlowski, désespérant de défendre la place contre les escadres alliées, l'évacua, et passa sur les deux frégates l'*Aurora* et la *Diana* et sur trois baleiniers américains, pour chercher un refuge à l'embouchure de l'Amour. L'amiral, avec la *Diana*, se rendit d'abord au Japon, où il signa le traité de tous points analogue au traité américain.

Dans la même année, en 1854, le vice-amiral anglais sir James Stirling vint à Nagasaki déterminer les bases d'un traité semblable avec les gouverneurs de cette ville délégués par l'empereur du Japon.

Les ratifications furent échangées à Nagasaki, le 9 octobre 1855, par l'amiral Stirling et les commissaires japonais.

*
* *

La France ne fit alors qu'un acte de présence

au Japon. Le contre-amiral Guérin, commandant la division navale de l'Indo-Chine, n'étant point investi des pouvoirs diplomatiques, visita seulement le port d'Hakodaté, où il demeura quinze jours (1er-15 août 1855), et il put s'assurer des dispositions favorables du gouvernement à entrer en relations avec la France. L'amiral établit ses malades à terre dans une pagode convertie en hôpital.

Au mois de mai 1856, l'amiral revint à Hakodaté et reprit les marins qu'il avait laissés à terre.

Bientôt après, dans la nuit du 29 au 30 juin, sa frégate la *Virginie* sauva l'équipage d'une jonque japonaise, l'*Osaka*, qui avait le feu à son bord. Ce bâtiment était chargé de cuivre à destination de la Chine. Lorsque les embarcations de la *Virginie* furent arrivées auprès de l'*Osaka*, l'incendie était tellement violent que le métal placé dans la cale et dans l'entre-pont venait d'entrer en fusion. La jonque coulait à fond dans le moment même. Les vingt-cinq hommes qui composaient l'équipage furent tous sauvés et conduits à Nagasaki.

Les Pays-Bas, en présence des faits accomplis, voulurent ajouter à leurs privilèges le bénéfice des stipulations accordées à d'autres nations. M. Donker Curtius, commissaire néerlandais à Nagasaki, arrêta dans cette ville, avec des commissaires japonais, le 30 janvier 1855, et signa, le 9 novembre de la même année, une convention étendue qui maintenait la situation privilégiée des Hollandais à Nagasaki, et qui leur accordait les articles favorables déjà concédés à leurs concurents américains, russes et anglais.

M. Towsend Harris, consul général des États-Unis, à Simoda, conclut à Kanagawa, le 28 juillet 1858, un traité supplémentaire. Voici les termes dans lesquels, dans un récent message, le président des États-Unis s'exprime officiellement sur ce traité :

« Je suis heureux d'annoncer que par les efforts énergiques quoique conciliants de notre consul général au Japon, un nouveau traité a été conclu avec cet empire ; on doit s'attendre à ce qu'il augmente matériellement notre commerce et nos relations dans ces régions, et qu'il écarte de nos concitoyens les entraves qui leur avaient été précédemment imposées dans l'exercice de leur religion. Ce traité sera sans délai soumis à l'approbation du sénat. »

*
* *

A l'issue de la campagne de Chine, pendant que l'ambassadeur français, confiant dans les sentiments de son collègue d'Angleterre, attendait, d'accord avec lui, les plénipotentiaires chinois avec lesquels on devait régler les tarifs de douanes, lord Elgin, prétextant des motifs de santé, monta sur un navire et gagna la haute mer. Ce procédé regrettable et blâmé généralement en Angleterre, valut à Sa Seigneurie le frivole avantage de prévenir de quelques semaines M. le baron Gros dans la conclusion d'un traité définitif avec le Japon.

Le baron Gros, après la conclusion des affaires chinoises, fit voile pour le Japon. L'empereur venait de mourir, et l'on s'efforçait d'en cacher

la nouvelle. En même temps, le choléra venait
de se déclarer au Japon et y sévissait avec
violence. Néanmoins notre ambassadeur fut reçu
de la manière la plus honorable, et ses négotia-
tions amenèrent immédiatement la conclusion
d'un traité. M. le baron Gros était assisté par un
missionnaire français. On conclut, le 9 octobre,
à Yédo, le traité français, de tout point identique
au traité anglais.

Depuis cette époque, de nouveaux traités ont
peu à peu élargi le cercle des relations de l'Europe et de l'Amérique avec le Japon ; la liberté
a été peu à peu augmentée, les puissances occidentales ont négocié avec le Japon comme elles
le font entre elles, et dernièrement l'Angleterre
vient de conclure une convention qui reconnaît
aux tribunaux japonais le droit de juger ses
nationaux. Nous verrons bientôt les résultats
de cette initiative et nous pourrons savoir si
vraiment le Japon est pénétré de notre civilisation et capable de conserver l'équité et d'appli-
quer un code de justice et d'intégrité.

LE CATHOLICISME
AU JAPON.

CHAPITRE XIV

Origine du Catholicisme au Japon. Saint François Xavier.

EN 1548, saint François-Xavier forma le projet d'aller prêcher l'Évangile au Japon. En attendant que la navigation devînt libre, il s'appliqua particulièrement aux exercices de la vie spirituelle, comme pour reprendre de nouvelles forces après ses travaux passés ; c'est la coutume des hommes apostoliques, qui, dans le commerce qu'ils ont avec Dieu, se délassent des fatigues qu'ils prennent pour le prochain.

C'était alors que, dans le jardin du collège de Sainte-Foi, tantôt se promenant, tantot retiré dans un petit ermitage qu'on y avait bâti, il s'écria : « C'est assez, Seigneur, c'est assez! »

Quelquefois il ouvrait sa soutane devant la poitrine parce qu'il ne pouvait soutenir l'abondance des consolations célestes ; il faisait entendre tout à la fois qu'il aimait mieux souffrir beaucoup de tourments pour le service de Dieu que de goûter tant de douceurs; il priait le Seigneur de lui réserver les plaisirs pour l'autre vie et de ne lui épargner aucune peine en celle-ci.

Mais ces occupations intérieures ne l'empêchaient pas de travailler au salut des âmes ou de soulager les malheureux dans les hôpitaux et dans les prisons: au contraire, plus l'amour de Dieu était vif et ardent en lui, plus il désirait de l'allumer dans les autres. La charité le faisait souvent renoncer au repos de la solitude et aux délices de l'oraison.

Dans le même temps, le Père Gaspar Barzée et quatre autres Jésuites arrivèrent de l'Europe. Xavier leur désigna leur emploi et leur donna les instructions dont ils avaient besoin pour le remplir fidèlement.

Il partit ensuite pour Malacca dans la vue de passer de là au Japon.

Il supporta toutes les difficultés qu'on lui opposa pour empêcher ce voyage.

Une chose surtout acheva de l'y déterminer.

On reçut alors même des nouvelles du Japon, et quelques lettres portaient qu'un des rois du pays demandait des prédicateurs évangéliques au gouverneur portugais des Indes, que ce roi avait appris quelque chose de la loi chrétienne, et qu'un événement merveilleux lui avait inspiré le désir d'en apprendre davantage.

***

Voici comment les mêmes lettres racontaient cet événement.

Des marchands portugais, ayant abordé au port de la capitale d'un des royaumes du Japon, furent logés par ordre du prince dans une maison déserte qu'on croyait infestée de malins esprits ; l'opinion populaire n'était pas mal fondée, et les Portugais s'en aperçurent bientôt. Ils entendaient la nuit un bruit horrible ; ils se sentaient tirer de leurs lits et frapper durant leur sommeil sans voir néanmoins personne.

Une nuit, s'étant éveillés aux cris d'un de leurs domestiques et ayant couru avec leurs armes vers l'endroit d'où venait le bruit, ils trouvèrent le domestique étendu par terre et tremblant de peur.

Saint François-Xavier, d'après le portrait « *Vera effigies* »
conservé à Saint-André du Quirinal.

On lui demanda ce qu'il avait eu à crier et à trembler si fort ; il répondit qu'il avait vu un spectre effroyable, tel que les peintres représentent les démons.

Cet homme n'étant pas un esprit faible, ni un menteur, les Portugais ne doutèrent plus de la cause du vacarme qui se faisait régulièrement toutes les nuits. Pour le faire disparaître, ils parsemèrent de croix toute la maison, et depuis ils n'entendirent plus rien.

Les Japonais furent très surpris quand ils surent comment la maison était devenue tranquille.

Le roi même, à qui les Portugais dirent que la croix des Chrétiens faisait fuir les malins esprits, admira ce merveilleux résultat et fit planter des croix partout, jusque dans son palais et sur les grandes routes. Il voulait ensuite savoir d'où la croix tirait sa vertu et pourquoi les démons la craignaient, et peu à peu il apprit ainsi les mystères de la foi. Mais non content d'être instruit par des marchands et par des soldats, il eut la pensée de faire venir des prédicateurs, et pour l'obtenir il envoya un ambassadeur aux Indes.

En apprenant ces nouvelles, saint François Xavier s'embarqua le 24 juin 1549, avec un Japonais, Paul de Sainte-Foi, et ses deux domestiques, qui avaient été baptisés à Goa. Ils arrivèrent le 15 août de la même année à Kagosima, dans le royaume de Satsuma, au Japon.

Paul de Sainte-Foi, qui était né dans cette ville, alla rendre ses devoirs au Roi, dont le palais était situé à une distance de six lieues.

Ce prince, qui autrefois lui avait témoigné beaucoup de bonté, le reçut avec d'autant plus de joie qu'il le croyait mort. Et aussitôt il l'interrogea sur les Indes, la nature du pays, le tempérament des péuples, la bravoure et la puissance des Portugais. Satisfait des réponses, il parla des religions en général, et principalement du christianisme.

Vierge en bronze trouvée au Japon en 1651.

Paul expliqua assez longuement les mystères de la foi, et, voyant qu'on prenait plaisir à l'écouter, il montra un tableau de la sainte Vierge tenant l'enfant Jésus entre ses bras. Le tableau était très bien fait, et Xavier l'avait donné au Japonais afin qu'il le montrât si l'occasion se présentait.

La vue de cette belle peinture frappa le roi, et touché d'un sentiment de piété et de vénération, il se mit à genoux avec tous ses courtisans, pour honorer celle que représentait cette peinture et qui lui semblait avoir un air plus qu'humain.

Il voulut qu'on portât le tableau à la reine sa mère ; elle en fut charmée, et se prosterna par un même instinct avec toutes les dames de sa suite, pour saluer la Mère et le Fils de Dieu ; puis elle fit mille questions sur la sainte Vierge et sur JÉSUS-CHRIST, ce qui donna lieu à Paul de Sainte-Foi de raconter toute la vie de Notre-Seigneur.

CHAPITRE XV.

Miracles de saint François-Xavier.

PENDANT ce temps saint François-Xavier qui avait déjà appris les premiers éléments de la langue japonaise durant son voyage, continuait cette étude à Kagosima. Il y fit de tels progrès, qu'il put traduire en japonais le Symbole des Apôtres avec l'explication qu'il en avait faite autrefois. Il apprit ensuite cette traduction par cœur et commença à prêcher JÉSUS-CHRIST.

Il était déjà connu du roi de Satsuma, car Paul avait parlé à la cour de son zèle, de ses vertus et de ses miracles. Il crut utile pour la religion de voir le prince et demanda une audience.

Le prince fit à Xavier un accueil aussi gracieux qu'honorable et lui permit d'annoncer la foi à ses sujets. Xavier commença ses prédications bientôt récompensées par des milliers de conversions. La joie de l'apôtre aurait été complète s'il avait pu gagner les bonzes ; il employa, pour y réussir, tous les moyens que sa charité put lui suggérer, mais ses efforts furent inutiles malgré de nouveaux miracles qui confirmèrent heureusement sa doctrine.

Le saint, se promenant un jour sur le bord de la mer, rencontra des pêcheurs qui étendaient leur filet vide et qui se plaignaient de leur mauvaise fortune : il eut pitié d'eux, et, après avoir récité une prière, il leur conseilla de pêcher de nouveau. Ils le firent et ils prirent tant de poissons qu'à peine purent-ils tirer les filets.

Ils continuèrent leur pêche les jours suivants avec le même succès, et, ce qui parut plus étrange, la mer de Kagosima, qui n'était guère poissonneuse, le fut depuis extrêmement.

Une femme ayant entendu parler des guérisons que l'apôtre avait faites aux Indes, lui apporta son petit enfant, qu'une enflure de tout le corps rendait difforme.

Xavier prit l'enfant dans ses bras, et prononça sur lui trois fois ces paroles :

« Dieu te bénisse. »

Après quoi il le rendit guéri à sa mère.

Ce miracle éclata dans la ville et fit espérer à un lépreux la guérison qu'il cherchait en vain depuis plusieurs années N'osant paraître en public à cause de son mal qui le rendait odieux à tout le monde, il fait appeler le missionnaire.

Celui-ci alors fort occupé, envoya, chez le malade un de ses compagnons, avec ordre de lui demander trois fois s'il croirait en Jésus-Christ dans le cas où il le guérirait de sa lèpre, et de faire trois fois le signe de la croix sur lui s'il promettait constamment d'embrasser la foi.

Tout se passa comme Xavier l'avait ordonné. Le lépreux donna sa parole qu'il recevrait le baptême s'il recouvrait la santé, et on n'eut pas plus tôt fait sur lui trois signes de croix que tout à coup son corps devint net comme s'il n'avait jamais eu de lèpre. Sa guérison si subite le fit sans peine croire en Jésus-Christ et sa foi vive hâta son baptême.

*\
* *

Mais le plus éclatant miracle qu'opéra Xavier dans Kagosima fut la résurrection d'une jeune fille noble. Elle était morte dans la fleur de l'âge, laissant son père dans le désespoir.

Deux néophytes vinrent rendre visite au malheureux vieillard et lui conseillèrent de chercher du secours auprès du saint homme qui faisait de si grandes choses et de lui demander avec confiance la vie de sa fille.

Le païen va trouver Xavier, se jette à ses pieds, et le conjure, les larmes aux yeux, de ressusciter une fille unique qu'il venait de perdre, en ajoutant que ce serait lui rendre la vie à lui-même.

Xavier, touché de la foi et de l'affliction du païen, se retire avec son compagnon Fernandez pour prier Dieu.

Revenu peu de temps après :

« Allez,dit-il à ce père désolé,votre fille est en vie. »

L'idolâtre crut qu'il se moquait de lui et s'en alla mécontent ; mais à peine eut-il fait quelques pas,qu'il aperçut un de ses domestiques qui,transporté de joie, lui cria de loin que sa fille était vivante. Il la rencontra bientôt elle-même qui venait au devant de lui.

La jeune fille raconta à son père que, dès qu'elle eut rendu l'âme, dix démons horribles s'étaient saisis d'elle et avaient voulu la précipiter dans un abîme de feu, mais deux hommes inconnus, d'un aspect auguste et modeste, l'avaient arrachée des mains de ces bourreaux et lui avaient rendu la vie, sans qu'elle pût dire comment.

Le Japonais comprit qui étaient ces deux hommes et il mena la miraculée près de Xavier, pour lui rendre les actions de grâces que méritait une si grande faveur. Elle n'eut pas plus tôt aperçu le saint et son compagnon Fernandez qu'elle s'écria :

« Voilà mes deux libérateurs. » Et au même instant,la fille et le père demandèrent le baptême.

CHAPITRE XVI.

Apostolat de saint François Xavier à Firando, à Meaco, — à Amanguchi, — au Bungo.

SOUS tous les climats et sous toutes les latitudes,la persécution est la caractéristique des œuvres de Dieu. Xavier en avait déjà fait l'expérience aux Indes, il la renouvela au Japon.

Poussé par les bonzes et irrité de voir les Portugais abandonner ses États pour aller établir le centre de leur commerce dans un royaume voisin, à Firando, le roi de Satsouma retira au missionnaire la permission d'instruire ses sujets ; il commença même à persécuter les chrétiens ; mais ceux-ci restèrent fidèles à la grâce qu'ils avaient reçue et déclarèrent qu'ils souffriraient plutôt l'exil et la mort que de renoncer à la foi. Le Saint, non content de les avoir recommandés à Paul de Sainte-Foi, leur laissa une ample explication du Symbole avec une Vie de Jésus-Christ qu'il avait tirée des évangélistes et qu'il avait fait imprimer en langue et en caractères japonais.

Il emmena avec lui les deux Jésuites qui l'avaient accompagné et partit pour Firando en portant sur ses épaules, selon sa coutume, tout ce qui était nécessaire pour la célébration du saint sacrifice de la messe.

Chemin faisant, il prêcha dans la forteresse d'un prince nommé Kandono, vassal du roi de Satsuna ; plusieurs idolâtres crurent en Jésus-Christ ; de ce nombre fut l'intendant du prince. C'était un homme âgé, qui joignait une grande prudence à un zèle très vif pour la religion qu'il avait embrassée.

Xavier, en partant, lui recommanda d'avoir soin des autres chrétiens. Le vieillard le promit et tint parole. Il assemblait chaque jour ses coreligionnaires dans sa maison pour réciter avec eux différentes prières ; il leur lisait, le dimanche,

l'explication de la doctrine chrétienne. La conduite de ces fidèles était si édifiante, qu'elle
convertit plusieurs autres païens.

Un de ces néophytes composa élégamment
dans sa langue l'histoire de la rédemption du
genre humain, depuis le péché d'Adam jusqu'à
la descente du Saint-Esprit, et c'est lui qui,
étant un jour interrogé sur ce qu'il répondrait
au roi s'il leur commandait de renoncer à la loi
de Jésus-Christ :

« Je lui répondrais hardiment, dit-il : Seigneur,
vous voulez sans doute qu'étant né votre sujet je
vous sois fidèle, vous me voulez dans vos intérêts
prêt à vivre et mourir pour votre service ; vous
voulez encore que je sois modéré avec mes
égaux, doux à mes inférieurs, soumis à mes
maîtres, équitable envers tout le monde. Com-
mandez-moi donc d'être chrétien, car un chrétien
est obligé d'être tout cela. Que si vous me
défendez la profession du Christianisme, je
deviens en même temps violent, dur, orgueilleux,
rebelle, injuste, scélérat, et je ne puis plus répondre de moi. »

**

Enfin le saint missionnaire arriva à Firando ;
il fut bien reçu du prince, qui lui permit d'annoncer la loi de Jésus-Christ dans ses États. Le
fruit de ses prédications fut extraordinaire ; il
baptisa plus de païens à Firando en vingt jours
qu'il n'avait fait à Kagoxima en une année entière. Il laissa cette chrétienté sous la conduite
de l'un des deux Jésuites qui l'accompagnaient,

et il partit pour Meaco avec l'autre et deux chrétiens japonais.

Ils allèrent par mer à Fataca, où ils s'embarquèrent pour Amanguchi, capitale du royaume de Naugato renommé pour ses abondantes mines d'argent.

Il régnait dans cette ville une effroyable corruption de mœurs.

Le saint y prêcha en public devant le roi et sa cour : mais ses prédications y produisirent peu de fruits, ou plutôt il n'en retira guère que des insultes et des affronts.

Après un mois de séjour à Amanguchi, il continua sa route vers Méaco, avec ses trois compagnons.

On était alors à la fin de décembre 1550. Les pluies avaient rendu les chemins impraticables ; la terre était couverte de neige et le froid très piquant ; on rencontrait de toutes parts des torrents impétueux, des rochers escarpés ou des forêts immenses. Cependant les serviteurs de Dieu voulurent faire la route nu-pieds.

Quand il traversait un village, Xavier y prêchait et lisait au peuple quelques pages de son catéchisme.

Comme la langue japonaise n'avait point de mot propre à exprimer la souveraine divinité, il craignait que les idolâtres ne confondissent le vrai Dieu avec leurs idoles. Il leur dit donc que n'ayant jamais connu ce Dieu, il n'était pas surprenant qu'ils ne pussent exprimer son nom, mais que les Portugais l'appelaient *Deos*.

Il répétait souvent ce mot, et il le prononçait

avec une action et un ton de voix qui inspiraient aux païens même, de la vénération pour le saint nom de Dieu.

Il parla dans deux villages avec tant de force, contre les prétendues divinités du pays, que le peuple s'attroupa pour le lapider, et il eut beaucoup de peine à s'échapper du danger qui le menaçait. Enfin il arriva à Méaco, avec ses compagnons, au mois de février de l'année 1551.

Il fit inutilement demander audience aux autorités, on ne voulut point le recevoir ; on lui dit cependant que s'il voulait donner six cents écus, le grand-prêtre consentirait à le voir. Xavier n'avait pas cette somme: il le dit humblement ; et mettant toute sa confiance en Dieu, il commença ses prédications.

Mais les troubles occasionnés par des guerres civiles empêchèrent qu'on ne l'écoutât, et il vit que les esprits n'étaient pas encore disposés à ouvrir les yeux à la vérité.

*
* *

Il sortit de Méaco au bout de quinze jours pour retourner à Amanguchi. La pauvreté de son extérieur l'empêchant d'être reçu à la cour, il crut devoir faire quelques concessions aux préjugés du pays : il se présenta dans un costume et avec un cortège capable d'en imposer, et il fit quelques présents au roi : entre autres choses une horloge sonnante.

Cette démarche réussit, Xavier obtint la protection du prince et la permission de prêcher l'Évangile. Il baptisa trois mille païens, dans la ville d'Amanguchi. Ce succès le remplit de la plus grande consolation et il écrivait en Europe:

« Quoique je sois déjà tout blanc, je suis plus vigoureux et plus robuste que je n'ai jamais été, car les fatigues qu'on prend pour cultiver une nation raisonnable, qui aime la vérité et qui désire son propre salut, donnent bien de la joie.

« Je n'ai en toute ma vie goûté tant de consolation qu'à Amanguchi, où une grande multitude de gens venaient m'entendre avec la permission du roi.

« Je voyais l'orgueil des bonzes abattu et les plus fiers ennemis du nom chrétien soumis à l'humilité de l'Évangile. Je voyais les transports de joie de ces nouveaux chrétiens quand, après avoir surmonté les bonzes dans la disupte, ils retournaient tout triomphants. Je n'étais pas moins ravi de voir la peine qu'ils se donnaient à l'envi l'un de l'autre pour convaincre les Gentils, et le plaisir qu'ils avaient à raconter leurs conquêtes, par quelle manière ils se rendaient maîtres des esprits et comment ils exterminaient les superstitions païennes.

« Tout cela me causait une telle joie que j'en perdais le sentiment de mes propres maux. Ah ! plût à Dieu que, comme je me ressouviens de ces consolations que j'ai reçues de la miséricorde divine au milieu de mes travaux, je pusse non seulement en faire le récit, mais en donner l'expérience, et les faire un peu sentir à nos académies de l'Europe.

« Je suis assuré que plusieurs des jeunes gens qui y étudient tiendraient à employer à la conversion d'un peuple idolâtre ce qu'ils ont d'esprit et de forces, s'ils avaient une fois goûté les douceurs célestes qui accompagnent nos fatigues.

Pendant son séjour à Amanguchi, le saint apôtre fut favorisé du don des langues, comme il l'avait été dans les Indes.

Il se fit entendre des Chinois, quoiqu'il ignorât leur langue.

Ce miracle lui attira encore de nombreux néophytes, mais sa sainteté, sa douceur et son humilité touchèrent plus souvent que ses miracles.

Les païens les plus opiniâtres ne pouvaient y résister.

Un fait arrivé à Fernandez, un de ses compagnons, contribua beaucoup aussi à augmenter le respect et l'estime pour la religion chrétienne.

Un jour qu'il prêchait dans la ville, un homme du peuple s'approcha comme pour lui parler et lui cracha au visage. Le Père, sans dire un seul mot, ni faire paraître aucune émotion prit son mouchoir, s'essuya et continua tranquillement son discours. Cette modération parut héroïque à tous; ceux même qu'une telle insulte avait d'abord fait rire furent saisis d'admiration.

Un des plus savants docteurs de la ville qui était présent, se dit qu'une loi qui inspirait un tel courage, une telle grandeur d'âme, et qui faisait remporter sur soi-même une victoire si complète ne pouvait venir que du Ciel.

Le sermon achevé, il confessa que la vertu du prédicateur l'avait touché, il demanda le baptême et le reçut solennellement. Cette conversion fut suivie d'un grand nombre d'autres.

Xavier, après avoir recommandé les nouveaux chrétiens aux deux Jésuites qu'il laissait à Aman-

guchi, partit de cette ville vers la mi-septembre
1551.

Suivi de deux chrétiens japonais, qui avaient
sacrifié leurs biens pour embrasser l'Évangile, il
se rendit à pied à Fuchéo ; c'était là que le roi du
Bungo faisait sa résidence.

Le prince avait entendu parler du missionnaire
et désirait ardemment le voir, aussi le reçut-il de
la manière la plus honorable. Le saint, dans des
conférences publiques, confondit les bonzes, qui,
par des motifs d'intérêt, le combattaient partout;
il eut même le rare bonheur d'en convertir
quelques-uns.

Ses prédications et ses entretiens particuliers
touchèrent le peuple, et on venait en foule lui
demander le baptême. Le roi lui-même fut convaincu de la vérité du Christianisme et renonça
à des impuretés contre nature auxquelles il s'a-
bandonnait;mais un attachement criminel à quelques plaisirs sensuels l'empêcha de se convertir. Il se rappela depuis les instructions que le
saint lui avait données; il quitta ses désordres et
reçut le baptême. Mais le plus grand triomphe
de Xavier fut la conversion du roi du Bungo, qui,
après quelques hésitations, finit par recevoir le
baptême.

C'est alors que Xavier quitta le Japon pour
retourner aux Indes revoir les multitudes qu'il
avait enfantées à Dieu et à la sainte Église.

Il était resté au Japon deux ans et quatre mois.
Comme il fallait veiller à la conservation de cette
chrétienté naissante, il y envoya trois Jésuites,
que d'autres suivirent bientôt après.

CHAPITRE XVII

Conversion de Bonzes. — Une Martyre. — Un paysan. — Nouvelles conversions.

DE 1552 à 1582, pendant l'espace de 30 ans, les chrétiens se multiplièrent dans toutes les classes sans essuyer aucune persécution déclarée.

Les nouveaux fidèles devenaient missionnaires à leur tour, et Dieu donnait tant de bénédictions à leur zèle qu'en 1554 on comptait jusqu'à quinze cents personnes baptisées dans le royaume d'Arima, où aucun missionnaire n'avait encore pénétré.

Il était très ordinaire de voir des familles entières recevoir le baptême en un même jour.

Naytondono, gouverneur d'Amanguchi, ayant embrassé le Christianisme, plus de trois cents personnes, ses alliés ou ses vassaux, suivirent aussitôt son exemple.

Mais rien ne contribua davantage à faire entrer un grand nombre d'idolâtres dans le sein de l'Église que le fait arrivé dans le Bungo à deux bonzes fort célèbres dans tout l'empire.

Ils étaient venus exprès de Méaco à Fuchéo pour voir les docteurs portugais, dont on parlait fort diversement dans tout le Japon, et pour s'assurer par eux-mêmes si ce qu'on avait publié de leur sainteté et de leur doctrine n'était point exagéré. Ils examinèrent leur conduite et celle des nouveaux chrétiens, se rendirent assidûment aux instructions que les Jésuites faisaient tous les jours en public, et, comme ils étaient sans préjugés, et qu'ils avaient un désir sincère de connaître la vérité, ils conçurent bientôt une très grande estime pour notre religion. Ils ne laissèrent cependant pas de discuter souvent avec les prêtres catholiques ; mais ils le firent toujours avec modération.

Enfin, un jour que le P. Gago prêchait sur une place de la ville, les deux bonzes vinrent à leur ordinaire lui proposer plusieurs difficultés ; il y répondit d'une manière qui les satisfit parfaitement.

Ensuite, continuant son discours, il cita un passage de saint Paul. Un des docteurs lui demanda qui était ce Paul, sur l'autorité duquel il s'appuyait si fort.

En peu de mots le missionnaire raconta l'histoire de l'apôtre des Gentils, et il avait à peine fini que le bonze prenant la parole et se tournant vers l'assistance, s'écria :

« Écoutez, Japonais, je suis chrétien, et, puisque j'ai imité saint Paul en combattant contre la doctrine de Jésus-Christ, je veux l'imiter en la prêchant aux infidèles. Et vous, mon cher compagnon, ajouta-t-il en s'adressant à l'autre bonze, suivez mon exemple, et, comme ensemble nous avons enseigné l'erreur, il faut qu'ensemble nous allions annoncer la vérité à ceux qui ne la connaissent pas. »

Ils se jetèrent aux pieds du prédicateur et le supplièrent de les baptiser au plus tôt. Le Père ne crut pas devoir différer de leur accorder cette grâce, et sur leur demande il donna au premier le nom de Paul et au second celui de Barnabé.

Les deux nouveaux convertis furent bientôt

capables de travailler au salut des âmes, et ils
tinrent exactement la parole qu'ils en avaient

Bonze japonais dans son intérieur.

publiquement donnée. Paul surtout s'étudia tellement à se conformer sur son saint patron qu'on

peut dire qu'il était une copie vivante du Docteur des nations.

Tout ce que la pénitence a de plus austère n'était pas trop rigoureux pour lui ; on le voyait sans cesse avec Barnabé, parcourant les villages, et semant le grain de la parole divine avec des fruits d'autant plus abondants que le Ciel y concourut plus d'une fois par des prodiges.

****

Cependant la persécution se déclara bientôt. Sans doute ce ne fut qu'une persécution locale, mais néanmoins le sang chrétien coula pour Jésus-Christ.

Le premier martyr du Japon fut une pauvre femme.

Les chrétiens de Firando avaient dressé une nouvelle croix à quelque distance d'une des portes de la ville, et ils y allaient tous en commun faire leurs prières à certaines heures. Une femme esclave, dont le maître était idolâtre zélé, y allait fort régulièrement, quoique son maître le lui eût défendu. Un jour ce dernier l'apprit et se mit dans une violente colère, jurant de la tuer, si elle persistait dans ce qu'il appelait son entêtement.

« Je ne crains pas la mort, répondit la vaillante et pauvre femme, je continuerai d'accomplir mon devoir et de prier mon Dieu. »

Le lendemain elle se rendit pour prier au pied de la croix.

Le maître la vit revenir : il s'élança vers elle le sabre levé.

La généreuse chrétienne s'approcha de lui sans s'émouvoir, se mit à genoux et lui présenta sa tête que le barbare lui abattit d'un seul coup.

Les chrétiens enlevèrent son corps et lui donnèrent une sépulture honorable, en rendant grâces à Dieu de la constance qu'il lui avait inspirée et s'animant à imiter son exemple.

En 1560, l'empereur ayant permis de prêcher l'Évangile, il y eut jusqu'à quinze bonzes des plus célèbres qui demandèrent le baptême. Les néophytes composèrent un traité de la supériorité de la religion chrétienne sur les sectes du Japon.

En 1562 le prince d'Omura reçut le baptême avec trente gentilshommes ; son exemple est suivi par sa femme.

En 1564 un orage s'élève à Méaco contre la religion chrétienne ; l'empereur nomme deux bonzes hostiles pour l'examiner et pour la proscrire s'ils la trouvent mauvaise. Les deux examinateurs se nommaient l'un Ximaxidono, l'autre Circondono ; le grand juge de la ville impériale Daxandono, devait rendre l'édit sur leur rapport.

Or, un pauvre chrétien de la campagne, nommé Jacques, était allé demander justice à Daxandono contre un païen à qui il avait prêté une somme d'argent et qui refusait de la lui rendre. Ximandono, un des deux commissaires, entra dans le moment où cet homme plaidait lui-même sa cause, et, le reconnaissant pour chrétien à un chapelet qu'il portait sur lui :

« Tu es donc, lui dit-il en l'interrompant, de la religion des Européens ?

— Oui, grâces au ciel, répond le paysan, j'en suis.

— Et qu'enseigne de bon votre loi ? reprend le bonze.

— Je ne suis pas assez savant pour vous le dire, réplique le chrétien, mais je puis vous assurer qu'elle n'enseigne rien que de bon. »

Ximaxidono ne laissa pas de le questionner sur bien des articles, et le Seigneur, qui délie, quand il lui plaît, la langue des enfants pour en tirer sa gloire, éclaira tellement en cette occasion le paysan, qu'il parla sur l'existence et sur les attributs de Dieu, sur le culte qu'il exige des hommes, sur l'immortalité de nos âmes et sur nos divins mystères, d'une manière si éloquente et même en si bons termes qu'il ravissait tous les assistants en admiration. Le bonze surtout l'écouta fort attentivement ; il fut ensuite quelque temps sans rien dire ; puis, comme s'il se fût éveillé d'un profond sommeil :

« Allez, dit-il au chrétien, faites-moi venir votre docteur ; si les disciples sont si savants, que sera-ce du maître ? »

Quand le Père Vilélo revint de Sacai, où il s'était retiré, il trouva que le premier commissaire avait converti le second, et tous deux un grand seigneur de la cour.

Les deux bonzes composèrent ensemble un traité de la religion chrétienne qui produisit partout des fruits merveilleux. Leur exemple fut suivi par Tacayama, grand homme de guerre, qui reçut le baptême avec toute sa famille, entre autres son fils Juste Ucondono, illustre par ses grandes actions, qui lui ont donné une place distinguée parmi les héros du Japon, plus illustre encore par ses vertus et par ses souffrances pour la cause de Dieu.

CHAPITRE XVIII.

Lettre au Pape. — Ambassadeurs japonais à Rome.

LE catholicisme s'étendait à travers le Japon, ne convertissant pas tous les habitants mais ayant presque partout des adeptes fidèles et souvent puissants.

Le roi de Gotto travaillait avec ardeur à convertir son peuple à la foi chrétienne. On le voyait sans cesse aller de bourgade en bourgade, parcourir les montagnes et les bois, pénétrer dans les plus inaccessibles retraites, tantôt pour assister un moribond ou pour ensevelir un mort, tantôt pour baptiser les adultes, instruire les prosélytes, exhorter les infidèles, faire le catéchisme aux enfants et les prières publiques, partout où il se trouvait.

Rien ne lui paraissait petit lorsqu'il s'agissait de gagner une âme à Jésus-Christ; aussi ne rencontrait-il nulle part aucun obstacle. Le peuple, accoutumé à regarder ses souverains comme des divinités bien plus inabordables que les dieux mêmes qu'il adorait, ne pouvait résister aux discours pleins de bonté et d'onction de ce vertueux prince, et se trouvait même déjà converti par ses exemples avant qu'il lui parlât.

Il restait bien peu de chose à faire au monarque pour achever l'entière christianisation de ces Etats, lorsque, après trois ans de règne, Dieu l'appela, en 1579, pour lui donner dans le ciel une couronne plus précieuse que celle qu'il portait sur la terre.

Au commencement de 1582, les rois chrétiens de Bungo et d'Arima avec le prince chrétien d'Omura, députèrent une ambassade solennelle à Rome, où elle arriva à la fin du pontificat de Grégoire XIII.

Elle fut reçue avec les plus grands honneurs par le Souverain Pontife, à qui elle présenta les lettres des trois princes.

La lettre du roi de Bungo était conçue en ces termes :

« A celui qui doit être adoré et qui tient la place du Roi du Ciel, le grand et saint Pape.

« Plein de confiance en la grâce du Dieu suprême et tout-puissant, j'écris à Votre Sainteté avec toute la soumission possible.

« Le Seigneur, qui gouverne le ciel et la terre, qui tient sous son empire le soleil et toute la milice céleste, a fait luire sa clarté sur moi, qui étais plongé dans l'ignorance et enseveli dans de profondes ténèbres. Il y a plus de trente-quatre ans que ce Maître souverain de la nature, déployant tous les trésors de sa miséricorde en faveur des habitants de ces contrées, y envoya les Pères de la Compagnie de Jésus, qui ont semé le grain de la parole divine dans ces royaumes du Japon, et il a plu à sa bonté infinie d'en faire tomber une partie dans mon cœur : grâce singulière dont je me crois redevable, Très-Saint-Père de tous les fidèles, aussi bien que de plusieurs autres, aux prières et aux mérites de Votre Sainteté.

« Si les guerres que j'ai à soutenir, ma vieillesse et mes infirmités ne m'avaient retenu, j'aurais été moi-même visiter les saints lieux que vous habitez et vous rendre en personne l'obéissance que je vous dois ; j'aurais dévotement baisé les pieds de Votre Sainteté, je les aurais mis sur ma tête, et je vous aurais supplié de faire de votre main sacrée l'auguste signe de la croix sur mon cœur.

« Contraint par les raisons que j'ai dites de me priver d'une si douce consolation, j'avais eu dessein d'envoyer à ma place Jérôme, fils du roi de Ficunga et mon petit-fils ; mais, comme il était trop éloigné de ma cour, et que le Père visiteur ne pouvait différer son départ, je lui ai substitué Mancio, son cousin germain et mon petit-neveu.

« J'aurais une obligation infinie à Votre Sainteté, qui tient sur la terre la place de Dieu même, si elle continue de répandre ses faveurs sur moi, sur tous les chrétiens, et sur cette petite portion du troupeau qui est commis à ses soins.

« J'ai reçu des mains du Père visiteur le reliquaire dont Votre Sainteté m'a honoré, et je l'ai mis sur ma tête avec beaucoup de respect. Je n'ai point d'expressions pour vous exprimer la reconnaissance dont je me sens pénétré pour un don si précieux.

« Je ne ferai pas cette lettre plus longue, parce que le Père visiteur et mon ambassadeur instruiront plus amplement Votre Sainteté de tout ce qui regarde ma personne et mon royaume.

« Je vous adore en vérité, Très-Saint-Père, et je vous écris la présente, saisi d'une crainte respectueuse, le onzième jour de janvier de cette année 1582, depuis la venue de Notre Seigneur. — François, roi de Bungo, prosterné aux pieds de Votre Sainteté. »

* * *

Les lettres des deux autres princes expriment les mêmes sentiments.

Pendant le séjour des ambassadeurs à Rome, le Pape Grégoire XIII mourut. Son successeur Sixte-Quint les reçut à son tour, et, dès la première audience, les assura qu'ils obtiendraient de lui autant et peut-être plus, pour eux et pour l'Église du Japon, qu'ils n'avaient espéré du Pape Grégoire.

Ils se trouvèrent à son couronnement et ils y eurent leur place comme ambassadeurs du roi ; ils y portèrent le dais, et pendant la messe présentèrent l'eau au Souverain Pontife.

Enfin, la veille de l'Ascension, au sortir de la chapelle, ils furent faits publiquement, et en présence de presque toute la noblesse romaine, chevaliers aux éperons d'or.

Le Pape leur mit lui-même le ceinturon et l'épée, et fit chausser les éperons aux deux princes par les ambassadeurs de France et de Venise.

Il les fit ensuite venir en sa présence tout armés, leur passa au cou une chaîne d'or et une médaille d'or et les embrassa.

Le prince de Fiungo répondit au nom de tous qu'en qualité de chevaliers chrétiens ils se croyaient dans l'obligation de combattre les ennemis de la foi partout où ils se trouveraient, mais que leur joie serait complète s'ils avaient l'honneur de répandre leur sang pour Jésus-Christ.

Le lendemain le Pape les communia de sa main, leur accorda beaucoup plus qu'ils ne demandaient, et leur remit pour leurs souverains les lettres les plus affectueuses, avec des présents.

La dernière visite des ambassadeurs fut au Capitole, où le sénateur et les conservateurs s'étaient assemblés pour les recevoir en qualité de patrices romains. Ils partirent de Rome le 3 juillet 1585.

CHAPITRE XIX.

Nobununga.—Commencement de persécution. — Religieux emprisonnés.

PENDANT que les ambassadeurs chrétiens du Japon étaient ainsi accueillis avec honneur et amour à Rome et dans tous les pays chrétiens, comme les enfants de cette grande famille dont Dieu est le père et l'Église la mère, il se passait au Japon un spectacle bien différent.

Un homme, s'élevant au-dessus de tous, se plaçait dans le temple de Dieu, s'y faisait adorer comme Dieu et ensuite périssait dans les flammes. Nobununga, roi provincial de Mino et de Voari, avait aidé à replacer l'empereur sur le trône ; il lui avait bâti à Méaco un palais magnifique, et un second à lui-même, avec les débris des monastères des bonzes et des temples de leurs dieux. Comme les matériaux n'arrivaient point assez vite, il y employait les idoles en pierre, qu'il faisait enlever des temples et traîner par les chemins la corde au cou. Dans les guerres civiles, ayant trouvé les bonzes dans le parti de l'opposition, il en massacra un grand nombre et livra aux flammes plusieurs de leurs monastères. Brouillé avec l'empereur, il marcha contre lui, le força à la paix, le laissa sur le trône, mais fut le véritable maître de l'empire.

En 1580 deux sectes ennemies de bonzes le prirent pour arbitre de leurs disputes ; il y consentit, mais à condition de couper la tête à ceux qui seraient vaincus ; on souscrivit à la condition, et il ne manqua pas de l'exécuter.

Il avait fondé une nouvelle ville nommée Anzuquiama ; en 1582 il y fit construire un superbe temple sur une belle colline, avec un nouveau chemin allant jusqu'à Méaco. Ensuite il ordonna d'apporter dans son temple toutes les plus belles idoles qu'on pourrait trouver dans le Japon, et l'on plaça par son ordre, dans le lieu le plus apparent du temple, une pierre nommée Xantai, où étaient gravées ses armes avec quantité de devises. Ensuite il publia un édit qui suspendait tout culte religieux dans l'empire, et ordonnait, sous des peines très graves, à toute personne de venir adorer le Xantai et de lui demander tous ses besoins, avec promesse de les obtenir.

On se moqua de ses promesses, mais on craignit ses menaces.

Le concours fut si extraordinaire que la ville, et toute la campagne étaient remplies d'étrangers et que le lac même était couvert de bateaux.

Le fils aîné de Nobununga fut son premier adorateur, et tout l'empire suivit son exemple, si l'on en excepte les chrétiens, dont aucun ne parut à cette fête.

Nobununga, qui s'y était attendu, ne parut pas s'en apercevoir, et il pensa à s'en venger : il en fut heureusement empêché par la mort.

***

En 1596 commença une véritable persécution. Un galion espagnol, allant des Philippines à la Nouvelle-Espagne et richement chargé, fut battu par une grosse tempête sur les côtes du Japon. Le gouverneur japonais de Tosa invita le capitaine à se réfugier dans son port, où le navire toucha et fut confisqué au profit de l'empereur Taïcosama.

Le pilote du navire voulut faire craindre aux Japonais la puissance du roi d'Espagne. Ayant aperçu une mappemonde, il leur montra toutes les régions de l'un et l'autre hémisphère qui obéissaient aux Espagnols.

Tous les assistants parurent extrêmement surpris qu'un seule homme fût le maître de presque la moitié du monde, et un ministre de l'empereur demanda au pilote de quels moyens on s'était servi pour former une si vaste monarchie.

« Rien de plus aisé, répondit le malheureux ; nos rois commencent par envoyer dans le pays des religieux qui engagent les peuples à embrasser notre religion, et, quand ils ont fait des progrès considérables, on envoie des troupes, qui se joignent aux nouveaux chrétiens et n'ont pas beaucoup de peine à venir à bout du reste. »

Au récit de cette forfanterie aussi fausse qu'imprudente, Taïcosama entra en fureur. Le 9 décembre 1596, neuf religieux de Méaco, et d'Osaca furent arrêtés, trois jésuites et six franciscains. Les premiers étaient tous trois Japonais: Paul Miki, fils d'un seigneur de la cour de Nobununga, et qui prêchait avec grand fruit depuis plusieurs années; Jean Soan, né l'an 1578 de parents chrétiens, demeurait chez les jésuites d'Osaca lorsqu'on leur donna des gardes ; il ne tenait qu'à lui de se retirer; il demanda, au contraire, à être reçu dans la Compagnie, ce qui lui fut accordé ; Diégo ou Jacques Kisai était un bon artisan, qui avait reçu le baptême dans sa jeunesse et s'était retiré chez les jésuites, où il faisait les fonctions de catéchiste.

Les Pères de St-François se rencontrèrent, au nombre de six, dans les villes d'Osaca et de Méaco, savoir, trois prêtres, un clerc et deux laïques. Les trois prêtres étaient les Pères Pierre-Baptiste, Martin d'Aguire, ou de l'Ascension, et François Blanco. Le clerc se nommait Philippe de las Casas ou de Jésus. Les deux laïques avaient nom François du Parilha, ou Saint-Michel, et Gonzalès Gracia.

Tels furent les neuf religieux qui furent arrêtés en vertu des ordres de Taïcosama.

Ce prince avait encore commandé qu'on dressât une liste de tous les chrétiens qui fréquentaient les églises de Méaco et d'Osaca, et le nombre en monta si haut que le ministre chargé de cette affaire en fut effrayé ; aussi la fit-il supprimer, disant que l'intention de l'empereur n'était pas de dépeupler son empire en faisant mourir tous les chrétiens, mais seulement de punir les religieux venus des Philippines, qui contrevenaient ouvertement à ses ordres.

Néanmoins de nombreux chrétiens furent emprisonnés, et l'on put un instant craindre de très graves malheurs.

CHAPITRE XX.

Les vingt-six martyrs de Nangasaki.

GRACE à divers incidents, ce grand mouvement s'apaisa. Le nombre des prisonniers fut réduit à quinze, puis porté à dix-sept : cinq religieux de Saint-François et douze laïques, la plupart domestiques ou catéchistes de ces Pères. Comme on appelait ceux-ci par leurs noms, il se trouva qu'un d'eux, nommé Matthias, était allé faire des emplettes pour la maison. Un bon paysan du voisinage entendant l'officier qui criait :

« Où donc est Matthias ? » s'approcha et lui dit :

« Je me nomme Matthias ; je ne suis point, apparemment, celui que vous demandez, mais je suis chrétien aussi bien que lui et fort disposé à mourir pour le Dieu que j'adore.

« Cela suffit, dit l'officier ; peu m'importe, pourvu que ma liste soit remplie. »

Le martyr Matthias fut donc ajouté aux seize, comme l'apôtre saint Matthias fut ajouté aux onze. Le 31 décembre on leur enjoignit encore sept autres : les trois jésuites, un religieux de Saint-François et trois séculiers, ce qui portait leur nombre à vingt-quatre.

Parmi ces chrétiens condamnés à mourir il y avait trois enfants, dont la ferveur et la constance étonnèrent les infidèles et attirèrent sur toute la troupe la compassion de la multitude. L'un se nommait Louis et n'avait que douze ans ; les deux autres avaient nom Antoine et Thomas et n'en avaient pas plus de quinze ; ils servaient à l'autel chez les Pères de Saint-François et avaient été mis des premiers sur la liste.

Il n'avait tenu qu'à eux de n'y être pas ; on avait même refusé d'abord d'y mettre le petit Louis ; mais il fit tant par ses pleurs et par ses prières qu'on lui donna cette satisfaction.

Il refusa dans la suite un moyen qu'on lui suggéra de s'évader, et ils soutinrent tous trois jusqu'au bout de la carrière ce grand courage qui les y avait fait entrer.

Il fut décidé que le trois janvier 1597, sur une place de Méaco, on couperait le nez et les oreilles aux martyrs.

Le gouverneur qui était humain, leur fit seulement couper une partie de l'oreille gauche.

On les promena ensuite, couverts de leur sang sur des charrettes, de ville en ville jusqu'à Nangasaki, où ils devaient être crucifiés.

Le but de cette exposition était d'intimider les chrétiens ; elle fit un effet contraire : la vue des trois enfants toucha même les infidèles, et plusieurs se convertirent.

Deux chrétiens, Pierre Cosaqui et François Danto, qui portaient toujours des rafraîchissements aux martyrs, furent mis avec eux par les gardes, ce qui porta leur nombre à vingt-six.

* *

Leur martyre eut lieu à Nangasaki, le 5 février 1597 ; tous purent se confesser avant de mourir.

Les martyrs du Japon.

Quand on vint leur dire que le commandant les attendait sur la colline où ils devaient consommer leur sacrifice, ils s'y rendirent aussitôt, suivis d'une grande multitude.

Les chrétiens qui se trouvaient sur leur passage se prosternaient devant eux, et, les yeux baignés de larmes, se recommandaient à leurs prières.

Ils arrivèrent enfin au pied de la colline, et, du plus loin qu'ils aperçurent leur croix, ils coururent les embrasser, ce qui causa un nouvel étonnement aux infidèles.

Les croix du Japon ont vers le bas une pièce de bois en travers, sur laquelle les patients ont les pieds posés, et au milieu une espèce de billot sur lequel ils sont assis.

On attache les patients avec des cordes par les bras, par le milieu du corps, et par les pieds. On y ajoute un collier de fer, qui tient aux martyrs le cou très droit.

Quand ils sont ainsi liés on élève la croix.

Ensuite le bourreau prend une lance et perce le crucifié en faisant entrer la lance par le côté et sortir par l'épaule; quelquefois cela se fait en même temps des deux côtés, et si le patient respire encore, on redouble sur-le-champ.

On allait commencer l'exécution lorsque le jésuite Jean (Soan appelé aussi Jean) de Gotto aperçut son père, venu pour lui dire un dernier adieu.

« Vous voyez, mon cher père, lui dit le saint novice, qu'il n'y a rien qu'on ne doive sacrifier pour son salut.

« Je le sais, mon fils, répondit le père ; je remercie Dieu de la grâce qu'il vous a faite, et je le prie de tout mon cœur de vous continuer jusqu'au bout ce sentiment si digne de votre état. Soyez persuadé que votre mère et moi sommes très disposés à imiter votre exemple, et plût au ciel que nous eussions eu l'occasion de vous le donner ! »

On attacha ensuite le martyr à la croix, au pied de laquelle, dès qu'elle fut dressée, le père eut le courage de se tenir. Il reçut une partie du sang de son fils sur lui, et ne se retira qu'après l'avoir vu expirer, plus heureux de posséder un enfant martyr que d'être arrivé à la plus brillante fortune.

« Presque tous étaient attachés à leurs croix et prêts à être frappés du coup mortel lorsque le Père franciscain Baptiste, qui se trouva placé au milieu de la troupe rangée sur une même ligne, entonna le cantique de Zacharie, que tous les autres achevèrent avec un courage et une piété qui attendrirent les infidèles.

Quand il eut fini, le petit Antoine, qui était à côté du Père, l'invita à chanter avec lui le psaume *Laudate, pueri, Dominum*. Le saint religieux, absorbé dans une profonde contemplation, ne lui répondant rien, l'enfant le commença seul ; mais ayant, quelques instants après, reçu le coup de la mort, il alla l'achever dans le ciel avec les anges.

******

Des faits merveilleux accompagnèrent ce martyre.

Nous énoncerons en toute simplicité les principaux, tels qu'ils se trouvent consignés dans les enquêtes, en adhérant scrupuleusement aux conclusions des commissaires apostoliques et à la bulle pontificale.

Au moment même du sacrifice, dit le sommaire apostolique, apparut au-dessus des croix une colonne de feu qui, vers les huit heures du soir, se divisa en trois parts. Un des météores alla planer sur la maison des PP. de la Compagnie de Jésus, à Nangasaki, et s'évanouit dans les airs. Les deux autres sillonnèrent l'horizon dans des directions diverses. L'éclat de ces feux était si extraordinaire qu'il paraissait que la nuit fût devenue le jour. La population tout entière, accourue sur le môle, fut témoin de ce prodige. Ainsi le gouverneur idolâtre et les bourreaux, race inhumaine et perverse, pouvaient s'écrier : « En vérité, c'étaient des serviteurs de Dieu ! » Tous étaient remplis de frayeur et criaient à Dieu : « Miséricorde ! » On croyait être à la fin du monde.

On dit aussi que l'on vit apparaître l'image d'une femme, entourée d'un grand nombre d'étoiles de diverses couleurs.

Les corps des martyrs demeurèrent longtemps dans un état parfait de conservation. Après deux ou trois jours, un des gardes japonais trancha avec ses dents le pouce du pied droit du P. Pierre Baptiste, et un sang frais découla de la blessure. Ce soldat ne voulut jamais se dessaisir de cette relique: on lui en offrit inutilement vingt, et jusqu'à deux cents écus.

Certains oiseaux, appelés par les Espagnols massanges ou peoros, qui d'ordinaire accouraient en grand nombre au lieu des exécutions, et qui se repaissaient de la chair des suppliciés, en commençant par leur dévorer les yeux, voltigèrent continuellement au-dessus des croix, pendant quatre-vingts jours que les corps y demeurèrent, et ne touchèrent point à ces saintes reliques, tandis que les corps d'autres suppliciés, mis à mort pour leurs crimes, et qui se trouvaient à trente pas à peine, furent incontinent mis en pièces par ces oiseaux de proie.

On raconte aussi la résurrection d'un mort, opérée au pied de la croix du Père Commissaire. Une mère y porta son jeune enfant, lequel venait d'expirer ; elle lui frotta le visage avec la terre imprégnée de sang, et l'enfant revint à lui.

Le lieu du martyre devint comme sacré et on l'appela les Martyrs.

La colline où il se trouvait, placée à l'entrée de Nangasaki, était toujours, depuis cette époque, saluée par l'artillerie des vaisseaux portugais. Les chrétiens environnèrent la place d'un fossé et d'une haie de bambous; l'enceinte avait trois cents pas de large et quatre cents de long. Des roses et des fleurs croissaient dans les trous où avaient été les croix ; plus tard, vingt-six arbres y furent plantés. Une grande croix y fut aussi érigée. Enfin un gardien fut mis par les Portugais pour préserver le lieu vénéré.

Il se faisait de fréquents pèlerinages, surtout les vendredi et samedi, et bien souvent l'on entendait dire aux fidèles : « Allons vers les saints martyrs. » Les uns faisaient le trajet pieds nus, d'autres gravissaient la colline à genoux. On s'infligeait de rudes disciplines. On invoquait l'intercession des vingt-six crucifiés, comme d'autant de martyrs, en disant : « Vous tous,

saints martyrs, priez pour nous! » On faisait brûler des lampes et on formait des vœux.

Les relations affirment que des malades, ayant
eu foi dans ces martyrs, obtinrent la santé en
prenant des breuvages dans lesquels on avait
mêlé la poussière du lieu, ou l'écorce et les
feuilles des arbres ; et que les clous qui avaient
servi à fixer les anneaux, suspendus au cou d'autres malades, les avaient pareillement guéris.

L'immolation de ces saintes victimes parut
causer des regrets à l'empereur lui-même. Sa
colère assouvie laissait renaître en son âme le
souvenir des vertus des religieux et de l'inno-
cence de leurs disciples.

La persécution se ralentit ; les princes et les
gouverneurs qui, pour imiter leur souverain,
essayaient de faire apostasier les chrétiens, les
trouvant inflexibles, les laissèrent en paix. Ainsi
le gouverneur de Facata, qui avait commandé
que les mille chrétiens qui habitaient sa ville
renonçassent à leur foi, livrassent leurs chapelets
et les autres objets de dévotion, et inscrivissent
sur des tablettes placées à leurs portes le nom
d'une idole qu'ils auraient choisie, et diverses
sentences réputées efficaces contre l'incendie et
les maladies, vit ses ordres sans effet et n'alla
point au delà. Le prince de Firando, qui avait
voulu de même s'attaquer aux chrétiens, renonça
bientôt à son entreprise, et n'exerça ses rigueurs
que dans sa propre maison, envers sa belle-fille,
qui persista généreusement dans la foi.

L'Église catholique glorifia bientôt ces vail-
lants missionnaires et ces héroïques chrétiens.

Le pape Urbain VIII les déclara martyrs par

décret du 10 juillet 1627, et, par un autre décret du 14 septembre de la même année, accorda la permission de célébrer la messe des vingt-trois Franciscains, déclarant qu'on pouvait traiter la cause de leur canonisation.

En 1629, le même Pontife accorda la permission à tous les prêtres, même séculiers, de dire l'office et la messe des trois frères de la Compagnie de Jésus.

Enfin en 1862 eut lieu la solennité de leur canonisation. Saints Martyrs du Japon, priez pour nous !

CHAPITRE XXI.

Nouveaux Martyrs.

LES missionnaires s'efforcèrent de réparer les désastres causés par la persécution et de faire progresser l'œuvre de Dieu en se servant de tous les bons moyens à leur disposition. Le goût que la cour d'Osaca avait pris aux mathématiques fit juger aux Jésuites de cette capitale, et surtout au Père Spinola, qui avait enseigné ces sciences en Italie avec honneur, que l'on pouvait s'attacher les grands et les rendre ou désireux du royaume de Dieu, ou du moins favorables aux prédicateurs de l'Évangile, en les occupant de ces belles connaissances.

Ils établirent donc une espèce d'académie composée de tout ce qu'il y avait à Méaco de personnes distinguées par leur mérite et leurs emplois ; ils les assemblaient souvent, et, en leur expliquant le cours des astres et les plus beaux secrets de la nature, ils avaient soin d'élever leurs esprits jusqu'à l'Être invisible qui a créé le ciel et la terre et qui en conserve l'admirable harmonie.

L'effet de cette institution fut excellent.

On disait publiquement à Méaco, comme on l'avait déjà dit à Osaca, que des hommes aussi éclairés sur ce que la nature a de plus merveilleux ne pouvaient que par la plus déraisonnable prévention être accusés d'ignorance ou d'erreur sur le fait de la religion, et en peu de temps beaucoup de familles nobles embrassèrent le catholicisme.

Le peuple suivit l'exemple des grands, et l'on compta jusqu'à huit mille adultes baptisés en une seule année dans Méaco.

Tout paraissait assez tranquille ; mais un certain pressentiment, trop universel pour n'être fondé que sur de vaines conjectures et des craintes frivoles, faisait craindre que ce calme ne cachât un grand orage.

Aux causes précédentes de persécution vint se joindre, en 1612, l'arrivée des Anglais au Japon; et ces nouveaux venus de concert avec les Hollandais, aigrirent de plus en plus l'empereur contre les Portugais et les Espagnols.

Il y eut des martyrs dans le royaume d'Arima. Deux frères, Thomas et Matthias, Marthe, leur mère, leurs enfants, Jacques et Juste, furent décapités le 28 janvier 1613. Le 27 avril deux jeunes frères du roi furent égorgés dans leur lit par son ordre. Le 5 octobre le même roi condamna au feu trois seigneurs chrétiens avec leurs familles, en tout huit personnes.

Le 7 octobre au matin les confesseurs de Jésus-Christ apprirent que l'arrêt de leur condamnation était signé, et peu de temps après on vint leur en faire lecture. Leur joie fut grande ; il y manquait cependant quelque chose, le bonheur de communier auparavant ; ce bonheur leur fut accordé. Enfin le moment de leur sacrifice approchant, on vit commencer une espèce de triomphe qui n'avait peut-être point eu d'exemple depuis la naissance de l'Église.

Les vingt mille chrétiens de la campagne, au signal qu'ils en reçurent, entrèrent dans la ville la tête couronnée de guirlandes et tenant leur chapelet à la main.

Ceux de la ville, à peu près en nombre égal, couronnés aussi de guirlandes et ayant un cierge à la main, les attendaient, et, au moment où les confesseurs parurent, tous se mirent en marche dans le rang qui leur avait été marqué.

Les huit martyrs étaient au milieu : ils n'étaient point liés, mais leurs bourreaux les suivaient avec une compagnie de soldats.

Les fidèles placés près des prisonniers n'étaient occupés qu'à se réjouir avec eux du bonheur qu'ils avaient de donner leur sang pour Jésus-Christ. D'autres levaient les mains au ciel pour leur obtenir la grâce de la persévérance, le plus grand nombre publiaient les louanges du Seigneur, et les campagnes retentissaient de leurs chants d'allégresse.

Quand on fut arrivé au lieu de l'exécution, chacun prit sa place sans confusion et avec promptitude.

Dès que les martyrs eurent aperçu les poteaux, instruments de leur supplice, ils coururent les embrasser. Ces poteaux étaient huit colonnes qui soutenaient un toit de charpente, et cette espèce d'édifice était dressée au milieu d'une grande esplanade, sous les fenêtres du Palais.

*
* *

Tandis que tout se disposait pour le dernier acte de cette sanglante tragédie, Léon Cuniémont monta sur le toit que portaient les colonnes, et qui n'était pas fort élevé, et, ayant fait faire silence de la main, parla de la sorte :

« Mes frères, admirez la force de la foi dans de faibles créatures ; les préparatifs d'un supplice affreux, vous le voyez, ne nous inspirent que de la joie, et j'espère que cette joie redoublera au milieu des flammes. Je laisse aux infidèles à conclure quelles doivent être la sainteté et la supériorité d'une religion qui nous élève si fort au-dessus de l'humanité. Pour nous, mes frères en Jésus-Christ, que ces feux ne nous effraient point ; leur activité ne fera qu'accélérer notre victoire, ou plutôt celle de la grâce qui nous fait combattre, et quelques moments de douleur nous procureront un poids immense de gloire qui durera autant que l'éternité. »

A ces mots il fut interrompu par les applaudissements des fidèles, et, comme il vit qu'on ne l'écoutait plus, il descendit et alla se ranger à sa colonne, où il fut lié.

Les liens qui attachaient le fils d'Adrien Mondo, le petit Jacques, étaient brûlés, et il semblait que le feu n'eût pas encore touché cet enfant, lorsqu'on l'aperçut qui courait au travers des flammes et des brasiers.

On crut d'abord que, ne pouvant plus supporter l'ardeur de cette horrible fournaise, il cherchait à s'échapper, et on lui cria d'avoir bon courage ; mais on cessa de craindre lorsqu'on le vit tourner du côté où était sa mère, et, après l'avoir jointe, la tenir étroitement serrée, comme pour mourir entre ses bras.

Cette sainte femme qui depuis quelque temps ne donnait plus aucun signe de vie, sembla se réveiller en ce moment ; elle oublia ses propres douleurs et ne parut plus occupée que du soin d'exhorter son fils à consommer son sacrifice avec le courage qu'il avait montré jusque-là.

L'enfant tomba enfin à ses pieds ; un moment après, elle tomba elle-même expirante.

La fille de cette héroïque mère, la sœur de ce jeune martyr, la vierge Marie-Madeleine, âgée de dix-neuf ans, donnait de son côté un spectacle plus étonnant encore.

Elle restait seule debout, et, quoique toute embrasée, elle paraissait encore pleine de vie et de force. A la voir immobile et les yeux doucement élevés vers le ciel, on eût dit qu'elle était tout à fait insensible ou dans une profonde contemplation qui lui causait une extase complète, lorsque tout à coup on l'aperçut qui ramassait des charbons allumés, les portait sur sa tête et s'en formait une couronne.

Il semblait que, sentant sa fin approcher, elle voulût se parer pour aller au devant de son céleste époux.

Cependant elle était peu à peu consumée par les flammes ; mais, à mesure que son corps s'affaiblissait, sa ferveur paraissait se ranimer, et l'on ne cessa de l'entendre louer les miséricordes du Seigneur que quand on la vit couler doucement le long de sa colonne, se coucher sur les charbons ardents, aussi tranquillement qu'elle eût fait sur un lit, et rendre le dernier soupir.

Alors les soldats qui gardaient la barrière élevée autour du bûcher, ne furent plus les maîtres, et les chrétiens emportèrent sans résistance les corps des martyrs. On enleva jusqu'aux charbons sur lesquels ces reliques sacrées étaient étendues et aux colonnes auxquelles elles avaient été attachées.

CHAPITRE XXII.

Persécution générale.

UNE dernière tourmente acheva de tout perdre et entraîna dans une ruine commune et pasteurs et fidèles.

Cette persécution, la plus horrible qu'on ait jamais vue, eut pour cause prochaine la jalousie commerciale des Hollandais et des Anglais.

Ces marchands hérétiques n'eurent pas de peine à persuader au Cubosama que les missionnaires étrangers n'étaient que des émissaires du roi d'Espagne, pour lui préparer la conquête du Japon comme de tant d'autres pays.

L'empereur publia donc en 1614, un édit qui

bannissait tous les missionnaires, prescrivait la démolition de toutes les églises, ordonnait à tous les Japonais qui avaient embrassé le Christianisme d'y renoncer sous peine de mort.

Un grand nombre des plus considérables familles chrétiennes de Méaco, de Sacai et d'Osaca furent exilées dans le nord du Japon, avec soixante-treize seigneurs ou gentilshommes.

La même année, parut un autre édit qui priva l'Église du Japon de presque tout ce qui lui restait de personnes de la plus haute noblesse.

La troupe sainte des confesseurs japonais, qui montait à plus de mille, y compris Ucundono, le roi et le prince de Bamba, avec toutes leurs familles, tous les religieux de Saint-Augustin, de Saint-Dominique et de Saint-François, et vingt-trois Jésuites, furent déportés à Manille, capitale des Philippines.

Ils y furent triomphalement reçus par l'archevêque et par le gouverneur, par le clergé et par le peuple, au bruit du canon, au son des cloches, en procession avec la croix et les bannières.

Parmi les missionnaires plusieurs étaient demeurés au Japon, d'autres y rentraient sous divers déguisements; la position des chrétiens y devenait de jour en jour plus périlleuse; le nouvel empereur, Hogun-Sama, fils et successeur de Quixasu, publia, en 1616, un nouvel édit de persécution. Une multitude considérable de chrétiens, dont plusieurs missionnaires, endurèrent le martyre, les uns par le glaive, les autres par le feu.

Le nouvel empereur, arrivant à Méaco en 1619, apprit que les prisons étaient pleines de chrétiens ; il ordonna sur-le-champ que, sans aucune distinction d'âge ni de sexe, ils fussent tous brûlés vifs.

Au jour marqué pour l'exécution, on fit entrer les confesseurs dans une cour, où ils furent liés ; on les conduisit ensuite sur la place publique, où ils trouvèrent neuf charrettes sur lesquelles on les fit monter, les hommes dans la première et la dernière, les femmes et les enfants, dans les autres. Un trompette les précédait, et à l'extrémité de chaque rue publiait que l'empereur avait condamné ces gens là au feu parce qu'ils étaient chrétiens. Les martyrs, de leur côté, ajoutaient :

« Il est vrai, nous allons mourir pour Celui qui a lui-même donné sa vie pour nous, » et de temps en temps ils s'écriaient tous ensemble :

« Vive Jésus ! »

***

Mais ceux que l'inquisition japonaise traquait avec le plus de soin, c'étaient les missionnaires. Dans cette chasse aux prêtres de notre sainte religion, elle trouva d'empressés auxiliaires dans les Hollandais et dans les Anglais.

En 1621, un navire hollandais ou anglais nommé *Elisabeth*, captura un petit bâtiment japonais, monté par des chrétiens, et par deux religieux déguisés en marchands ; l'un était un Père augustin, nommé Pierre de Zugnica ; l'autre était un Père dominicain, nommé Louis Florez, le premier était un Espagnol, le second un Flamand ; le père du premier, marquis de Villa Manrique, avait été vice-roi du Mexique. Grâce à l'inquisition et aux poursuites des Anglais et des Hollandais, continuées une année entière, les deux religieux furent brûlés vifs, le 10 août 1622, avec le capitaine du navire ; le reste de l'équipage eut la tête tranchée.

La persécution allumée par la haine mercantile du protestantisme anglais et hollandais continua de sévir avec une fureur croissante. Le 11 septembre 1622, plusieurs religieux de différents ordres furent décapités à Nangasaki avec onze autres chrétiens. Le 12, un Dominicain, trois Franciscains, un Augustin et deux frères du Tiers Ordre, furent brûlés vifs à Omura. Le 15, le Père de Gonstanzo, Jésuite, fut brûlé à Firando. Le 3 octobre un catéchiste fut brûlé vif, après avoir enduré jusqu'à dix-sept sortes de tourments, et sa femme décapitée avec ses deux fils, dont l'un de huit ans, l'autre de quatre ans. Le 1er novembre le Père Navarro, Jésuite, fut brûlé à Himabara avec trois Japonais.

En 1623, le nouvel empereur du Japon fait faire une recherche si exacte des chrétiens et des missionnaires dans les provinces voisines de Yédo qu'en très peu de temps les prisons se trouvèrent remplies. Le 4 décembre, cinquante chrétiens, dont trois religieux, sont brûlés vifs dans cette ville, vingt-quatre chrétiens sont martyrisés par le feu le 29 du même mois, et dix-sept autres quelques jours après. Dans le pays d'Oxu on trouve un grand nombre de martyrs, les uns brûlés vifs, les autres morts de froid dans les étangs glacés.

En 1624, la persécution devient si générale

et si sanglante qu'il semble que tout l'empire soit armé pour exterminer le Christianisme.

A Nangasäki les tombeaux mêmes sont brisés, les cadavres exhumés ou dispersés; ce traitement infligé aux morts fait juger de ce qu'on préparait aux vivants.

La chrétienté de Firando se distingue par le grand nombre de ses martyrs, ainsi que celle de Bigen.

Les royaumes de Gotto, de Bungo, de Firando, d'Aqui, de Fingo, d'Yo, les principautés d'O-mura et presque toutes les provinces où les chrétiens faisaient nombre, et qui étaient plus à portée d'être secourues par les missionnaires, semblent des pays nouvellement conquis, où le sang coule de toutes parts, et se dépeuplent autant par la fuite que par le massacre des fidèles. L'embrasement pénétra jusque dans le Tsugaru, où l'on avait exilé tant de noblesse; on entreprit de faire des apostats de ces généreux confesseurs; mais leur vertu était trop éprouvée pour être même ébranlée; plusieurs furent brûlés vifs, et le reste périt bientôt de misère.

CHAPITRE XXIII.

Anéantissement du christianisme.

LA persécution redoubla en 1627. Voici la relation qu'en ont faite les Hollandais, qui furent témoins oculaires de ce qui se passait à Firando.

« Aux uns, disent-ils, on arrachait les ongles, on perçait aux autres les bras et les jambes avec des vilebrequins, on leur enfonçait des alènes sous les ongles ; et on ne se contentait pas d'avoir fait tout cela une fois, on y revenait plusieurs jours de suite. On en jetait dans des fosses pleines de vipères ; on remplissait de soufre et d'autres matières infectes de gros tuyaux, et on y mettait le feu, puis on les appliquait au nez des patients, afin qu'ils en respirassent la fumée, ce qui leur causait une douleur intolérable. Quelques-uns étaient piqués par tout le corps avec des roseaux pointus, d'autres étaient brûlés avec des torches ardentes. Ceux-ci étaient fouettés en l'air jusqu'à ce que leurs os fussent tout décharnés ; ceux-là étaient attachés les bras en croix, à de grosses poutres qu'on les contraignait de traîner jusqu'à ce qu'ils tombassent en défaillance. Pour faire souffrir doublement les mères, les bourreaux leur frappaient la tête avec celle de leurs enfants, et leur fureur redoublait à mesure que ces petites créatures criaient plus haut.

« On les promenait de ville en ville et de bourgade en bourgade ; tantôt on les attachait à des poteaux et on les contraignait de se tenir dans les postures les plus humiliantes et les plus gênantes. Pour l'ordinaire on ne les laissait pas un moment en repos, les bourreaux comme autant de tigres affamés, étant sans cesse occupés à imaginer de nouvelles tortures. Ils leur tordaient les bras jusqu'à ce qu'ils les eussent tout à fait disloqués ; ils leur coupaient les doigts, y appliquaient le feu, en tiraient les nerfs ; enfin ils les brûlaient lentement, passant des tisons ardents sur tous les membres. Chaque jour et chaque moment avait son supplice particulier.

« Cette barbarie fit bien des apostats, mais le nombre des martyrs fut très grand, et la plupart même de ceux qui avaient cédé à la rigueur des tourments n'étaient pas plus tôt remis en liberté qu'ils faisaient ouvertement pénitence de leur infidélité. Souvent on ne faisait pas semblant de s'en apercevoir ; on voulait avoir l'honneur de faire tomber les chrétiens, et quelquefois, il suffisait que, dans une grande troupe, deux ou trois eussent témoigné de la faiblesse pour les renvoyer tous et publier qu'ils avaient renoncé au christianisme.

« Un jour, à Himabara, on traîna cinquante chrétiens à une espèce d'esplanade, pour les y tourmenter en toutes manières. Il y en eut surtout sept dont le courage exaspéra celui qui présidait à cette barbare exécution, et il s'acharna sur eux avec une rage forcenée. Il fit creuser sept fosses à deux brasses l'une de l'autre ; il y fit planter des croix sur lesquelles on étendit les patients, et, après qu'on leur eut pris la tête entre deux ais échancrés, on commença à leur scier, avec des cannes dentelées, aux uns le cou, aux autres les bras ; on jetait de temps en temps du sel dans leurs plaies, et ce cruel supplice dura cinq jours de suite sans relâche. Les bourreaux se relevaient tour à tour ; leur fureur était obligée de céder à la constance de ces généreux confesseurs de Jésus-Christ, et des médecins qu'on appelait de temps en temps avaient soin de leur faire prendre des cordiaux, de peur qu'une mort trop prompte ne les dérobât à la brutalité de leurs tyrans ou que la défaillance ne leur ôtât le sentiment du mal.

« C'est ainsi que, par un raffinement d'inhumanité jusque-là inconnu aux peuples même les plus barbares, on employait à prolonger les souffrances des fidèles un art uniquement destiné au soulagement et à la conservation de l'humanité. »

***

En 1633 on inventa un nouveau tourment, celui de la fosse. On dressait des deux côtés d'une grande fosse deux poteaux qui soutenaient une pièce transversale, à laquelle on attachait le patient par les pieds avec une corde passée dans une poulie. Il avait les mains liées derrière le dos et le corps extrêmement serré avec de larges bandes, de peur qu'il ne fût suffoqué tout d'un coup. On le descendait ensuite la tête en bas dans la fosse où on l'enfermait jusqu'à la ceinture par le moyen de deux ais échancrés qui lui ôtaient entièrement le jour. Dans la suite on laissait à ceux qu'on y suspendait une main libre, afin qu'ils pussent donner le signal qu'on leur marquait pour faire connaître qu'ils renonçaient au christianisme ; l'on remplissait souvent la fosse de toute sorte d'immondices qui causaient une infection insupportable.

Le premier qui subit ce supplice fut un Jésuite japonais nommé Nicolas Kerran.

Pendant l'année 1637, les chrétiens du royaume d'Arima, poussés à bout par le roi, destitués de pasteurs qui pussent les soutenir et les consoler, persuadés d'ailleurs que, s'ils portaient leurs plaintes au tribunal de l'empereur, leur cause n'en deviendrait que plus fâcheuse, se soulevèrent ouvertement. Ils étaient au nombre de trente-sept mille combattants ; ils mirent à leur tête un jeune prince de la maison de leurs anciens rois et se saisirent de Himabara. Ils y furent bientôt assiégés par une armée de plus de quatre-vingt mille hommes, y compris les protestants hollandais, qui vinrent renforcer les infidèles avec leur artillerie. Les chrétiens se défendirent longtemps contre les uns et les autres ; à la fin n'ayant plus de vivres, plutôt que de se rendre ils sortirent en bataille, attaquèrent l'ennemi et se firent tuer jusqu'au dernier.

En 1640, quatre ambassadeurs portugais arrivèrent au Japon avec une suite de soixante-quatorze personnes. N'ayant pas voulu renoncer au christianisme on les mit tous à mort, excepté treize matelots qu'on renvoya porter la nouvelle à Méaco, avec cet avertissement :

« Tant que le soleil échauffera la terre, qu'aucun chrétien ne soit assez hardi pour venir au Japon, et que tous sachent que le roi Philippe lui-même, le Dieu même des chrétiens, le grand Haca, un des premiers dieux du Japon s'ils contreviennent à cette défense, le payeront de leur tête. »

Pour découvrir plus sûrement les chrétiens, l'empereur du Japon obligea tous les habitants des provinces où l'on soupçonne qu'il y en a encore, à fouler aux pieds, une fois par an, la croix et des images chrétiennes. On dit que les marchands hollandais se soumirent à cette apostasie.

Malgré tous ces obstacles, de zélés missionnaires pénétrèrent au Japon dans la seconde moitié du dix-septième siècle: ils y trouvèrent le martyre.

Le dernier qu'on sache y avoir pénétré est l'abbé Sidotti, missionnaire sicilien; il y débarqua le 9 octobre 1709, fut pris immédiatement après et conduit à Nangasaki, où il fut interrogé. On lui demanda s'il avait prêché la religion chrétienne aux Japonais; il répondit que oui, puisque c'était le but de son voyage. On le transféra de Nangasaki à Yédo, où il resta quelques années en prison, s'occupant constamment de la propagation de la foi. Il baptisa plusieurs Japonais qui étaient venus le trouver; mais le gouvernement, en ayant été instruit, fit mettre à mort les nouveaux convertis, et le missionnaire fut muré dans un trou de quatre à cinq pieds de profondeur, où on lui donnait à manger par une petite ouverture, jusqu'à ce qu'il pérît du plus affreux supplice dans ce séjour infect. Telle fut la dernière scène du drame qui anéantit le catholicisme au Japon pendant le XVIIIᵉ siècle.

CHAPITRE XXIV.

M. Forcade aux Iles Liou-Kiou.

UN silence de près de deux siècles régna sur le Japon. Aux précautions minutieuses prises pour éloigner de ces rivages tout Européen suspect de christianisme, on aurait pu penser que ce silence était celui de la mort. La vie, cependant, n'était point éteinte. Sur les restes d'une Église qui avait produit tant de saints et tant de martyrs, Dieu lui-même veillait, et sa providence préparait à cette Église rajeunie des destinées nouvelles.

Lorsqu'en 1832, le Saint-Siège, confiant la Corée à la Société des Missions Étrangères, l'érigea en Vicariat apostolique, il y joignit les îles Lioukiou, dans l'espérance que ces îles dépendantes et peu éloignées du Japon, seraient la porte par où l'Évangile s'introduirait de nouveau dans ce pays. Ni Mgr Bruguière, ni Mgr Imbert n'abordèrent aux Liou-Kiou, ils n'oublièrent pas cependant le dessein du Saint-Siège.

« Souvent il m'arrive de tourner des regards de désir et presque d'espérance vers les rives du Japon, » écrivait Mgr Imbert, le 24 novembre 1838.

« Les Coréens et les Japonais conservent encore de mutuelles relations. Outre la garnison qu'ils entretiennent toujours en Corée, les Japonais occupent une île voisine de ce royaume. Oh ! que je serais heureux si ces rapports, tout politiques, pouvaient devenir enfin religieux, et si les Japonais, en venant chercher en Corée des richesses, y retrouvaient cette foi que proscrivirent leurs ancêtres ! J'ai déjà pris quelques arrangements pour leur ménager ce bonheur. M. Chastan, sur mon conseil, a dû déléguer vers les Japonais en station sur la pointe méridionale de la Corée, un catéchiste adroit et prudent qui cherche à s'insinuer dans leur esprit, à disposer leurs âmes à recevoir la foi, et enfin s'informe d'eux s'il n'existe plus dans leur patrie aucun débris de l'ancienne Église du Japon. »

Les démarches du catéchiste de M. Chastan n'eurent aucun résultat, et Mgr Imbert laissa au procureur des Missions-Étrangères à Macao des pouvoirs, qui lui permettaient d'envoyer aux Liou-Kiou un ou plusieurs missionnaires à la première occasion. Cette occasion ne se présenta qu'en 1844.

L'abaissement de la Chine par l'Angleterre, les traités qui en avaient été la suite, la présence dans les mers de Chine d'une nombreuse escadre française parurent au procureur, M. Libois [1], et à son sous-procureur M. Forcade [2], des circonstances exceptionnellement favorables à l'exécution du dessein formé depuis si longtemps, d'autant plus que tous les deux connaissaient intimement plusieurs officiers supérieurs de la marine, entre autres le contre-amiral Cécile. M. Forcade se résolut à tenter l'entreprise. Le contre-amiral, retenu sur les côtes de Chine, détacha de sa division la corvette *l'Alcmène*, commandant Fornier-Duplan, afin de conduire à sa destination le missionnaire qui devait se présenter, non en prédicateur de l'Évangile, mais en interprète de l'amiral, et exprimer le désir d'étudier à fond la langue japonaise. M. Forcade était accompagné d'un catéchiste, ancien confesseur de la foi, resté deux années dans les prisons de Canton et délivré par l'amiral Cécile,

---

1. Du diocèse de Séez, parti en 1831, procureur à Macao et à Hong-Kong, fut en même temps préfet apostolique du Kouang-tong en 1850, chargé du Japon en 1855, directeur du Séminaire de Paris en 1866, procureur à Rome, où il mourut le 6 avril 1872. (67 ans).

2. Du diocèse de Versailles, parti en 1842, mort archevêque d'Aix en 1885.

Augustin Ko, qui fut élevé plus tard au sacerdoce.

Le vaisseau français aborda aux Liou-Kiou le 28 avril 1844, cette année-là, jour du Patronage de saint Joseph.

* *

Le groupe des Liou-Kiou se trouve à l'est de la Chine, entre Formose et le Japon. La plus grande de ces îles (Oukinia) est environ par 126° longitude est et 26° et 27° latitude nord. C'est là qu'est la capitale du royaume, la ville de Choui ; au fond d'une baie s'ouvre le port de Nafa.

Sans s'inquiéter de l'observation, dont de la côte, elle est l'objet, ni de l'indifférence affectée des bateaux-pêcheurs qui la croisent sans l'accoster, la corvette évolue sous la main qui la dirige, choisit sa place et jette l'ancre. Il est neuf heures du matin.

L'autorité locale est bientôt à bord. Elle pose ses questions. L'autorité française répond à tout, et M. le commandant Duplan réclame une audience du gouverneur de Nafa. On se salue avec des allures très amicales de part et d'autre et l'on se sépare. Nul des nôtres ne songe encore à descendre.

Dans la soirée, trois embarcations reviennent à l'*Alcmène*. Ce sont des provisions qu'on lui porte. Rien n'est plus aimable vraiment que l'accueil sympathique de ces insulaires. Mais attendons la suite.

La comédie diplomatique de ces orientaux allait commencer. Elle débuta par une attention

Vue de Nafa.

très innocente : « Vous êtes ici très mal ancrés et peu à l'abri. » La vérité, c'est qu'on les trouvait trop près de la ville. — « Demain matin un pilote viendra et vous conduira à un meilleur mouillage qui est tout à côté. » Et la nuit venue, on s'aperçut que Nafa restait plongée dans les ténèbres, semblable à quelqu'un qui veut se dérober, tandis qu'un mauvais village, à la pointe nord de la baie, brillait de mille feux comme pour attirer les regards.

Le lendemain matin, il vint à bord, non pas un, mais deux pilotes. On vira au cabestan et l'on changea de mouillage en se rapprochant de l'endroit qui avait paru la veille si brillamment éclairé.

C'est là que, dans une bonzerie, eut lieu vers une heure de l'après-midi, l'entrevue de M. le commandant Duplan avec le gouverneur de Nafa. M. Forcade et son catéchiste y assistaient. L'appareil plus que sommaire de la salle d'audience répondait parfaitement à la feinte diplomatique que nous indiquions tout à l'heure.

La parole du gouverneur, ou plutôt de son interprète Ikaradziki, sorte de factotum qui se retrouvera partout, ne manqua point de s'y conformer. Quand M. Duplan déclara qu'il venait offrir au roi de Lieou-Kieou l'amitié de l'Empereur de France, on lui dit :

« Nous sommes déjà les amis de votre Empe-
« reur ; vous voyez que nous vous recevons bien
« et nous ne demandons pas mieux de vous
« fournir tout ce dont vous avez besoin. Quant au
« commerce, notre pays est petit, il est pauvre,
« il n'a rien à échanger contre vos objets euro-

« péens qui sont tous comme autant de pierres
« précieuses. »

Le brave commandant Duplan n'était pas
homme à se déferrer pour si peu.

Il reprit la conversation interrompue :

« Le commandant supérieur, dit-il, devant
« avoir comme moi, besoin d'interprètes auprès
« de vous, m'a donné l'ordre de laisser dans
« votre île le premier interprète impérial, nommé
« Forcade, et l'autre interprète d'un rang infé-
« rieur. Je vous prie d'en avoir le plus grand
« soin et de leur fournir toutes les choses néces-
« saires à la vie. Ils vous paieront du reste toutes
« leurs dépenses et se soumettront aux lois de
« votre royaume. »

Un coup de foudre n'eût pas fait plus d'impression.

« Ne dites pas de telles choses publiquement, »
s'écria-t-on.

« Pour moi, dit le commandant, c'est sans
« inconvénient devant mes officiers. Si vous
« avez autour de vous des gens qui vous gênent,
« libre à vous de les faire sortir. »

On éloigna en effet les curieux qui, autour de
la salle ouverte, s'extasiaient à ce spectacle.
Mais ce fut pour demander que la déclaration
qui venait de renverser l'auditoire fût formulée
par écrit, de manière à être communiquée à l'autorité supérieure.

Une troisième requête devait être présentée
par le commandant. Elle allait démasquer
une troisième batterie de cette politique de sub-
terfuges.

« Je demande pour tous mes officiers, dit

« M. Duplan, la permission d'aller se promener
« dans la campagne et dans la ville même de
« Nafa. » — « Ils pourront, lui est-il répondu,
« aller se promener sur le rivage, dans cette
« partie de l'île où nous sommes, mais ils ne
« doivent pas aller en ville. » — « Pourquoi
« n'iraient-ils pas en ville ? » — « C'est plus
« agréable de se promener hors de la ville. »

****

M. Forcade prit le parti de rompre lui-même
la barrière qui le séparait du peuple. Un jour,
au moment où l'on s'y attendait le moins et
quand les gardes songeaient peu à surveiller la
place qu'ils investissaient, le missionnaire fit
irruption à travers les rangs et rompit les lignes ;
c'était une sortie en règle. Chacun prend non
point ses armes, mais son élan à la poursuite du
fuyard. On le rattrape, on l'entoure, on le sup-
plie, on se met à ses genoux pour le prier d'être
plus sage et moins ingambe. Il se laisse toucher
et revient au gîte, mais sans ferme propos de ne
plus recommencer.

La même scène se reproduisit encore, sans
qu'on osât jamais user de violence, car outre
qu'il fallait éviter toute complication avec le
canon de « l'Empereur de France », les relations
avec les Européens étaient alors chose si nouvelle, que chacun se demandait si « ce sauvage
d'occident » n'avait point à son service quelque
puissance occulte.

Cependant, dans une de ces promenades
forcées qu'il imposait à ses gardes, M. Forcade

fut une fois arrêté sur la route de Nafa, par un mandarin qui lui saisit les deux mains.

« Est-ce au nom de ton roi et par son autorité « que tu m'arrêtes ? » dit le captif.

« Oui. »

« Eh bien, inutile d'insister, j'obéis et je rentre. »

Mais revenu à la bonzerie, il écrivit au gouverneur pour lui demander quel délit ou quel crime lui avait valu d'être arrêté comme un malfaiteur. Il lui fut répondu que nul crime ni délit n'était à sa charge ; mais que le commandant de l'*Alcmène* avait promis qu'il obéirait aux lois du pays.

Il répliqua que le commandant avait voulu dire que, devenu semblable aux autres particuliers, il se soumettrait à toutes les lois communes, obligeant tout le monde, mais qu'il n'avait pu comprendre qu'il fût lié par des ordres arbitraires n'atteignant que sa personne. « Jusqu'à ce qu'il « me soit démontré que j'ai tort, ajoutait-il en « finissant, le gouverneur ne s'étonnera point, « si, m'appuyant sur ma conscience, je ne déroge « en aucune manière à ma conduite passée. »

Pour diminuer ces rigueurs, le missionnaire imagina un expédient.

Plus la suite était nombreuse et tapageuse, plus il marchait vite et allait loin. On comprit qu'on ne gagnait rien avec un esprit aussi résolu que celui-là. On diminua l'escorte et l'on finit au bout de quelques mois par le laisser circuler sous la simple surveillance d'un ou deux mandarins, assistés d'un seul domestique. Dès lors sans être libre ni absolument supportable, la position devint moins dure.

Chemin faisant, on tolérait qu'il conversât avec les passants que l'on ne rouait plus de coups ; et on l'invita même quelquefois à entrer sous les toits qui se trouvaient le long de la route. Mais l'œil et l'oreille de la police étaient toujours là, et nulle possibilité n'était offerte à la prédication de la foi.

*
* *

Au bout de quelque temps, M. Forcade se vit accablé de doléances par ses mandarins qui trouvaient ses courses trop longues.

« Un jour, raconte-t-il lui-même, ils eurent recours à une ruse de leur façon ; se donnant l'air de gens fatigués, harassés, ils semblaient n'avoir plus la force de mettre le pied l'un devant l'autre ; ils me suivaient en se traînant à distance et s'asseyaient à tout instant persuadés que, selon ma coutume, je les attendrais, j'aurais pitié d'eux et rebrousserais chemin. Mais, ce jour-là, fatigué à l'excès de leurs grimaces, et certain d'ailleurs que je n'avais rien à craindre, je double tout à coup le pas avec mon catéchiste, et bientôt une colline nous dérobe aux yeux de notre escorte. Elle ne sait plus où nous sommes ; pour la première fois, nous nous trouvons seuls.

« Profitant de l'occasion, nous nous avançons par toute espèce de sentiers, jusqu'aux ruines d'une ville qui fut probablement autrefois la capitale du royaume du Sud. Partout sur les chemins, dans les hameaux, les paysans nous saluent et nous font politesse.

« Arrivé au terme de ma course, tandis qu'Augustin allait encore plus loin à la découverte,

j'étais resté assis sur le haut d'une colline. Les
villageois ne m'ont pas plus tôt aperçu, qu'ils
quittent leurs champs et s'empressent autour de

Mgr FORCADE.

moi ; les uns m'offrent leur pipe, leur tabac, et
vont me chercher du feu dans une maison isolée;
d'autres me parlent, m'interrogent, et, bien que

j'aie beaucoup de peine à comprendre leur patois, j'engage comme je puis, la conversation avec eux. C'était la première fois qu'ils me voyaient ; ils ne pouvaient me connaître que par les calomnies semées partout contre moi, et jamais, selon toute apparence, aucun Européen n'avait paru chez eux ; cependant nos premiers rapports étaient déjà ceux d'une mutuelle bienveillance. J'étais là depuis quelque temps et les choses allaient au mieux, quand tout à coup apparaît mon éternelle escorte. A sa vue, mes pauvres gens de céder le terrain et de se sauver effrayés dans toutes les directions. »

CHAPITRE XXV.

M. Forcade aux Iles Liou-Kiou *(suite)*.

L E peuple semblait donc bien disposé à recevoir la divine parole. La sainte semence aurait pu germer et donner de belles moissons.

Mais celui qui répand l'ivraie dans les champs déjà ensemencés du père de famille, empêchait de défricher cette terre. Les autorités locales étaient aux aguets ; elles terrorisaient la population. Ce n'était point du reste un mystère. Après avoir causé certain jour avec un villageois, M. Forcade dit au mandarin qui l'accompagnait: « En vérité, voilà un brave homme, sa franchise « ne sait rien dissimuler, on peut le croire sur « parole. »

Mais le surveillant s'adressant au bon homme:

« N'est-il pas vrai, dit-il, que, quand le maître
« s'en va partout dans vos villages, vous autres
« paysans, vous avez grand'peur ? »

— « Oui, nous avons grand'peur ; mais je vais
« vous dire : ce n'est point le maître européen
« que nous craignons, car nous savons bien qu'il
« ne nous fera pas de mal ; c'est des mandarins
« et des satellites que nous sommes effrayés. »

Si le gouvernement effrayait ou éloignait le
peuple, il exerçait avec non moins de despotisme
une pression administrative très rigoureuse sur
ses fonctionnaires. « Ces mandarins, écrit le missionnaire, quoiqu'ils soient ici comme partout
des gens de la pire espèce, ces mandarins eux-
mêmes ne sont pas tous mauvais ; il en est plusieurs qui entendraient facilement raison, s'il leur
était permis de prêter l'oreille à la vérité.

« Dès les premiers temps de ma résidence à
Liou-Kiou, un de ceux qui étaient auprès de
nous, et qui nous a toujours paru, du reste, un
homme droit, capable et fort instruit pour un
pays si peu avancé, ayant provoqué Augustin
par ses questions, eut avec lui une petite conférence sur l'existence d'un Dieu créateur ; sur le
culte que nous devons lui rendre, etc.

« A peine eut-il entrevu nos vérités saintes,
que, touché sans doute par la grâce et subitement
frappé de la sublimité d'une doctrine qu'il entendait pour la première fois, il ne put déguiser
son admiration. Ce ne fut point assez pour lui
de l'exprimer par ses paroles, il alla jusqu'à im-
proviser une jolie pièce de vers chinois, où il van-
tait la science de mon catéchiste, et manifestait
son désir de l'entendre tous les jours de sa vie.

« Ce début me donnait les plus belles espérances. Malheureusement notre futur néophyte nous fut immédiatement enlevé, et nous ne l'avons jamais revu.

« Depuis ce triste accident, il n'y a plus eu moyen pour mon catéchiste, dans ses rapports avec les mandarins, de parler de religion. Toutes les fois que, d'une manière ou de l'autre, il a voulu amener la conversation sur ce chapitre, il a vu toutes les oreilles se fermer et ses auditeurs s'esquiver sous un prétexte quelconque.

« On ne dispute point, on ne conteste pas, on ne veut rien entendre. Ne croyez pas, cependant, que ce soit par indifférence ou par apathie qu'on agit de la sorte ; cette conduite, je n'en doute pas, est dictée par des ordres qui partent de Chouï. »

****

Dans une de ses courses il se doute qu'il est sur le chemin de la capitale, dont on n'a jamais voulu lui dire un traître mot. Et cette supposition ne tarde pas à devenir une certitude, lorsque l'entourant et le suppliant, ses petits mandarins murmurent : « N'allons pas là, car il y a beaucoup de serpents. » — « Comment ! des serpents ! Nous n'en trouvons pas dans les sentiers et ils pulluleraient sur la grand'route ! » — « Ah ! répliquent les mandarins, jamais à court, il est possible que dans votre noble pays les serpents soient dans les sentiers, mais à Liou-Kiou, ils se tiennent sur les routes. » — « Eh bien ! tant pis pour vous ; moi, je ne les crains pas, car vous m'entourez si bien qu'ils vous caresseront les

mollets avant d'arriver jusqu'à moi. Par conséquent, j'avance. »

Mais de quel côté avancer ? M. Forcade ne
le savait trop. A peine se posait-il cette question
que parut un cavalier. Immédiatement l'un des
petits mandarins se détache du groupe, se porte
au devant du nouveau-venu, et lui dit un mot à
l'oreille ; vivement celui-ci rebrousse chemin et
part comme un trait. Donc, conclut le missionnaire, c'est de ce côté. Et il prend cette même
direction.

La capitale n'est pas très éloignée. Un triple
portique y donne accès. En avant la place est
libre ; au delà le peuple paraît nombreux.

M. Forcade se dirige vers la porte du milieu,
un mandarin se met en travers. — « On ne
passe pas ! » Il se présente successivement aux
deux autres portes ; la même chose recommence.
— « Mais enfin, dit-il, je ne fais de mal à personne, aucune loi défend d'aller en ville, j'ai bien
le droit de passer où passent les autres. » —
« Non, vous ne pouvez passer. » — « Vous avez
donc un ordre du roi ? Est-ce en son nom que
vous me parlez ? Mettez alors la main sur moi ! »
— Mais, d'un air convaincu : « Nous n'avons
pas l'ordre de vous arrêter, dit l'entourage ; seulement, si vous entrez ici, nous serons châtiés. »
Et ils indiquaient d'un geste l'enclume sur laquelle devait frapper le marteau de bambou. —
« Ah ! pour ça, mes amis, s'écria le missionnaire,
vous ne l'avez pas volé ; il y a assez longtemps
que vous me jouez des tours. » Mais réprimant
aussitôt ce mouvement qui n'était pas très apostolique, il ajouta : « Ceci est encore un mensonge

que vous me débitez, et vous manquez du même coup au respect que vous devez à votre roi. Au haut de cette porte, je lis ces mots : Au roi qui garde la justice ! Votre souverain est donc un homme juste ; et vous en faites un odieux tyran, puisqu'il vous punira, dites-vous, de ne pas observer un ordre qu'il ne vous a pas donné ? »

— A bout d'arguments, le plus gradé des petits mandarins de l'escorte, mit alors un genou en terre et d'un ton larmoyant : « Grand homme, dit-il, écoute la prière d'un petit homme ; ne passe pas ! »

Pendant cette scène, et par suite évidemment de l'alarme donnée par le cavalier de tout à l'heure, la foule s'était amassée dans la rue, en face de la porte. Un mot d'ordre lui avait commandé le plus grand calme. Elle était silencieuse, et de ses rangs compactes nul sentiment ne se trahissait, sinon celui de la curiosité. La situation n'était pas très rassurante. Augustin, le catéchiste, qui pourtant n'était guère poltron de sa nature, commençait à s'en alarmer et répétait depuis un quart d'heure : « Pater, periculum est hic... oportet abire. »

M. Forcade commençait lui-même à s'inquiéter de cette aventure dont il ne pouvait prévoir le dénouement. Cependant c'était bien le cas de mettre à contribution toutes les ressources de son énergie. « Depuis dix-huit mois, se disait-il, je n'obtiens quelque chose que par mon ascendant moral. Si je recule sans autre forme, mon prestige est fini et tout est perdu. »

C'est alors que lui vient en l'esprit la pensée du plus bizarre des stratagèmes. L'idée même ne s'en explique que par la haute et singulière opinion dont, en Extrême-Orient, jouissait à cette époque l'Européen peu connu et facilement supposé en possession de pouvoirs occultes.

Augustin, correctement debout derrière son maître, tenait sous le bras un grand parapluie parisien, qu'au départ de Macao il avait dû à la munificence de M. Libois.

M. Forcade, qui n'avait point encore pris garde à ce détail, s'en aperçoit au moment où, genou en terre, le plus gradé des mandarins suppliait le grand homme. Répondant à cette invocation du gardien : « Quand, dit-il, la prière d'un petit homme est en concurrence avec celle d'un grand homme, n'est-ce pas celle-ci qui l'emporte ? Donc, je passe. » Et se tournant vers Augustin, il ajoute : « Da mihi umbrellam. »

Saisissant le parapluie des mains de son catéchiste, il en pose la poignée sur sa poitrine, dresse la pointe en avant, et fait trois pas. Jupiter-Tonnant armé de ses foudres n'eût pas obtenu plus de succès. — La foule recule d'instinct, par un mouvement d'effroi. Elle ouvre ses rangs. Pouvait-elle croire inoffensif cet instrument inconnu dont s'armait le « sauvage d'Occident » ? N'était-ce pas là un nouvel engin de guerre ? M. Forcade avait passé, son prestige était sauf.

══ CHAPITRE XXVI. ══

M. Forcade nommé évêque..L'amiral Cécile aux Liou-Kiou.

CEPENDANT Rome avait suivi avec inté-rêt le séjour de l'apôtre catholique de Nafa.

Afin de hâter, s'il était possible, le succès de cette tentative, Grégoire XVI érigea le Japon en Vicariat apostolique (1846) et plaça à sa tête Mgr Forcade avec le titre d'évêque de Samos.

L'escadre française facilita au nouveau prélat l'œuvre qui lui était assignée par le Souverain Pontife : ce fut d'abord l'intervention du commandant Guérin, qui parut dans le port de Nafa en mai 1846, puis un mois plus tard celle de l'amiral Cécile, qui essaya de conclure un traité avec le roi des Liou-Kiou. Les négociations traînèrent en longueur ; l'amiral, qui avait depuis longtemps déjà affaire aux Orientaux, n'était plus à s'en étonner, ni à s'en décourager, aussi tint-il bon contre toutes les récriminations ; et il finit par obtenir que les missionnaires continueraient d'habiter l'île et la bonzerie de Tu-mai, mais débarrassés de leur garde, simplement soumis au droit commun ; que de plus on leur procurerait des livres nécessaires à l'étude de la langue.

Cette solution était une victoire :

« L'amiral a obtenu pour nous tout ce qu'il était possible d'obtenir dans la circonstance, dit M. Forcade, et plus même que nous n'osions l'espérer : nous lui en devons beaucoup de reconnaissance. Tout n'est pas fait, je le sais ; tous les obstacles ne sont pas levés, et le succès de la mission est encore actuellement fort douteux ; mais sachons nous contenter de notre nouvelle position, et la mettant à profit autant que nous le pourrons, attendons le reste du temps et par-dessus tout de la divine Providence. »

En traitant avec le Gouvernement des Liou-Kiou du séjour des missionnaires dans l'île, l'amiral Cécile l'avait averti qu'il emmènerait avec lui MM. Forcade et Augustin Ko, dont il avait besoin ailleurs comme interprètes ; que le catéchiste ne reviendrait pas ; mais que dans peu de temps l'évêque reconduit par un bâtiment de la division, rejoindrait M. Leturdu, le nouvel ouvrier apostolique venu à Nafa.

Après ces pourparlers, l'amiral, désireux d'ouvrir des négociations avec le Japon, se dirigea vers Nagasaki.

Ce n'était pas la première fois que les nations occidentales faisaient cette tentative. Les Russes, les Anglais, les Américains avaient tour à tour essayé de se présenter à Yeddo et à Nagasaki ; ils avaient été éconduits. Le Japon gardait encore dans ses codes ce fameux édit : « Tant que le soleil chauffera la terre, qu'il n'y ait pas de chrétien assez hardi pour venir au Japon ; que tous le sachent, quand ce serait le roi d'Espagne en personne ou le Dieu des chrétiens, celui qui violera cette défense le payera de sa tête. » L'entreprise de l'amiral Cécile eut le sort de toutes celles qui l'avaient précédée. Les autorités refusèrent de le laisser descendre à terre et de le recevoir. Il n'y avait donc aucun espoir de ce côté. Mgr Forcade envoya M. Adnet près de M. Leturdu et lui-même prit la route de France afin de traiter avec le Gouvernement français de la question de l'ouverture du Japon.

La négociation ne réussit pas aussi bien qu'on l'eût désiré. Mais quelques années plus tard éclata la guerre de Chine. On sait comment l'Angleterre et la France furent victorieuses.

Après la signature du traité de Tien-tsin qui ne devait être ratifié que plus tard, le baron Gros avait, selon les instructions de Napoléon III, fait voile pour le Japon.

Dans ce pays également, la France allait aider l'apostolat, qui, depuis ses premières tentatives aux Liou-Kiou, avait, de ce côté, obtenu fort peu de résultats et rencontré partout une grande résistance.

Résumons les événements: La mort avait tout d'abord fait des vides dans les rangs des missionnaires. M. Collin, missionnaire de Mandchourie, élevé à la dignité de préfet apostolique du Japon, mourut presque subitement le 23 mai 1854, quelques semaines après avoir reçu sa nomination.

Le supériorat fut dévolu à M. Libois, procureur-général de la Société des Missions Étrangères à Hong-Kong, qui fit partir trois missionnaires pour les Liou-Kiou, et plaça M. Girard à leur tête.

Le séjour dans l'île de ces ouvriers apostoliques, de même que celui de leurs prédécesseurs, fut rendu pénible par la surveillance incessante qu'on exerça sur eux, et par les entraves que l'on mit à leur ministère. La marine française, comme nous l'avons dit, avait débarqué à Nafa plusieurs missionnaires ; elle n'avait pas perdu de vue l'œuvre qu'ils avaient entreprise et que poursuivaient leurs successeurs.

L'amiral Guérin se rendit aux Liou-Kiou et conclut avec le roi un traité, dont les clauses étaient favorables à la propagation de l'Évangile.

Les autorités locales s'engagèrent à user de tous les égards possibles envers les missionnaires, à leur fournir les moyens d'apprendre la langue et à leur assigner un terrain pour bâtir une maison. Jusque-là, les ouvriers apostoliques étaient restés dans la bonzerie d'Annikou, isolés de la ville de Nafa, toujours sous l'œil de la police, et sans aucun moyen de communication avec les indigènes. Ceux-ci, en effet, fuyaient à l'approche des prêtres européens, pour ne pas encourir la peine de mort portée contre tout habitant, qui s'aboucherait avec ces étrangers. Après le traité, le gouvernement permit aux prêtres catholiques d'acheter et d'habiter une maison au centre de la ville. C'était un premier pas, et pour ceux qui savent que les choses humaines ont de petits commencements, même quand elles ont le bien pour objet, c'était le présage de progrès plus grands qui devaient aussi se réaliser très lentement.

Pendant des années, les missionnaires de Nafa n'eurent d'autre consolation que de baptiser quelques enfants à l'article de la mort, et quelques vieillards auxquels ils faisaient l'aumône.

En 1856, l'amiral Laguerre, qui succéda à l'amiral Guérin dans le commandement de l'escadre, prit l'un d'eux avec lui, et fit voile pour

Nagasaki, afin d'ouvrir des négociations avec les Japonais, mais il n'obtint que des fins de non-recevoir cachant un refus formel.

***

Cependant d'après quelques actes de la cour de Yeddo, on pouvait espérer que cette obstination aurait une fin ; aussi l'année suivante, deux frégates françaises ayant à leur bord deux missionnaires, entreprirent un second voyage dans le nord de l'archipel. A Hakodaté (île de Yéso), un des prêtres fit plusieurs excursions à terre, mais il était suivi par la police qui avait reçu l'ordre d'empêcher les indigènes de communiquer avec lui, et à peine put-il obtenir quelques réponses de ses gardiens subalternes.

Les deux prêtres rentrèrent donc à Nafa et y restèrent, attendant dans la prière, l'étude et la résignation une heure plus favorable.

Cette heure approchait. Ne croyant céder qu'à l'instinct d'un intérêt matériel, obéissant en réalité aux desseins de la Providence, le Japon sortait enfin de son isolement. Depuis l'année 1854, marquée par quelques concessions accordées aux Hollandais, il était entré successivement en relations commerciales avec les États-Unis d'Amérique, l'Angleterre et la Russie.

Lorsque le baron Gros arriva à Yeddo, le 26 septembre, avec un prêtre des Missions Étrangères pour interprète, il fut reçu convenablement, et le 9 octobre suivant, il signa un traité qui ouvrait au commerce français les trois ports de Yokohama, Nagasaki et Hakodaté ; la liberté religieuse était accordée aux résidents étrangers par l'article IV conçu en ces termes.

« Les sujets français au Japon auront le droit d'exercer librement leur religion, et à cet effet, ils pourront y élever, dans le terrain destiné à leur résidence, les édifices convenables à leur culte, comme églises, chapelles, cimetières, etc., etc. »

« Le gouvernement japonais a déjà aboli dans l'empire l'usage des pratiques injurieuses au christianisme. »

Ce n'était pas encore la pleine liberté, puisque le prêtre avait le droit d'exercer son ministère uniquement auprès des étrangers ; mais cette demi-tolérance fut regardée comme un acheminement à un état meilleur. Aussi M. Girard, récemment nommé provicaire apostolique de cette mission, écrivait-il aux Conseils centraux de l'Œuvre de la Propagation de la Foi, le 28 novembre 1858 : « Après dix années d'attente et de pénibles incertitudes sur le sort d'une mission qui nous est toujours si chère, voir enfin ses portes s'ouvrir, c'est un événement où l'on ne peut méconnaître l'intervention directe de Dieu. Le traité accorde au ministre plénipotentiaire le droit de voyager dans tout l'empire. Nous espérons qu'un de nous pourra l'accompagner et rechercher les restes des anciennes chrétientés qu'on dit exister encore au Japon. »

EN 1863, le P. Petitjean fut appelé à Yokohama d'abord et à Nagasaki ensuite avec le P. Furet.

Les deux missionnaires commencèrent la construction d'une chapelle dédiée aux premiers martyrs japonais et qui devait être le théâtre de la résurrection de l'Église du Japon. Ils eurent plus d'un obstacle à vaincre pour réussir dans leur entreprise ; tantôt c'était le gouvernement, tantôt les ouvriers, dont la mauvaise volonté arrêtait les travaux, d'autres fois l'argent faisait défaut, et il fallait s'adresser aux colonies européennes de Nagasaki, de Yokohama ou de Shang-haï, afin d'obtenir quelques secours.

Le P. Petitjean nous a gardé le souvenir d'une de ces difficultés et de la manière dont il la surmonta.

« Vers les premiers jours du mois de décembre, raconte-t-il, le constructeur menaçait de suspendre les travaux. Sur ces entrefaites, le gouverneur de la ville m'envoie deux de ses officiers avec prière d'accepter une chaire de professeur de français au collège qu'il vient de fonder pour l'étude des langues étrangères. Je réponds aux envoyés que, malgré tout mon désir d'être agréable à leur noble maître, il m'était impossible de donner une réponse avant d'être délivré des soucis de construction. — Mais quand désirez-vous que votre temple de la prière soit achevé ? demandèrent-ils. J'indique le premier

janvier. Ils me quittent sur cette parole, promettant
de revenir bientôt. Dès le lendemain, les ouvriers
arrivèrent en nombre triple ; on travailla le jour
et la nuit si bien que l'église se trouva achevée
au temps désigné.

« La reconnaissance m'obligeait à répondre

Mgr PETITJEAN.

aux propositions du gouverneur. C'est le 6 janvier, fête de l'Épiphanie, que j'ai commencé mon
cours de langue française. N'était-ce pas un
beau jour ? Qu'il soit véritablement pour mes
élèves et pour ceux qui me les ont confiés, le jour
de la manifestation de la foi et du retour à notre

sainte religion. J'aime à espérer que ces leçons de langue française auront un bon résultat ; elles feront au moins connaître mieux le prêtre catholique dont le caractère a été si complètement dénaturé aux yeux du Gouvernement japonais. »

La chapelle fut inaugurée le 19 février 1865.

Tous les navires européens présents sur la rade de Nagasaki, voulurent prêter leur concours à la fête. La corvette russe, *Variag*, la corvette hollandaise, *Amsterdam*, la corvette anglaise, *Argus*, avaient député une partie de leur équipage pour se joindre au cortège. La France était représentée par son consul, par un détachement des marins du *Kien-Chan*, sous le commandement de M. Poutier, officier en second, et par les commerçants français établis à Nagasaki. Le commandant en chef de la division russe avait mis sa musique militaire à la disposition de M. Trève, lieutenant de vaisseau, commandant le *Kien-Chan*. Une salve de vingt et un coups de canon, tirés par la batterie du *Kien-Chan*, annonça la fin de la cérémonie, et jusqu'au coucher du soleil, un faisceau de drapeaux de toutes les nations représentées au Japon flotta sur le sommet de l'église.

Admirablement située sur le penchant d'une colline qui domine la rade et la ville de Nagasaki, la nouvelle chapelle fut bientôt le rendez-vous d'une foule de visiteurs. Mais ceux-ci « semblaient n'y être attirés que par une curiosité tout humaine, et, à leur égard, le zèle et le dévouement des missionnaires paraissaient frappés d'une complète stérilité.

« Ne restait-il donc plus rien, au Japon, de

Vue de Nagasaki.

l'admirable chrétienté à laquelle avaient donné naissance la parole enflammée et les miracles de saint François-Xavier ? de cette chrétienté qui surabondamment arrosée et fécondée par le sang des martyrs pendant les dernières années du seizième siècle, comptait, au commencement du dix-septième, environ dix-huit cent mille fidèles ?

« Il est vrai que, surtout depuis 1640, le Japon était devenu absolument inaccessible aux Européens (à l'exception des Hollandais) et surtout aux missionnaires catholiques.

« L'édit fameux qui fut publié en cette année, immédiatement après l'exécution de quatre ambassadeurs portugais, arrivés de Macao et débarqués à Nagasaki, s'exprimait en ces termes : « Tant que le soleil échauffera la terre, qu'il n'y « ait pas de chrétien assez hardi pour venir au « Japon. Que tous le sachent : quand ce serait le « roi d'Espagne en personne ou le Dieu des « chrétiens, celui qui violera cette défense le « paiera de sa tête. »

« Ainsi fut-il en 1642, en 1647, en 1666, en 1709, c'est-à-dire à chaque tentative entreprise du dehors, pour essayer de porter les secours de la religion aux descendants des néophytes que le bras de saint François-Xavier s'était lassé à baptiser, et des glorieux martyrs qui avaient été cloués à la croix comme le Fils de Dieu et pour l'amour de lui.

« Toutefois, à quelques indices recueillis avec une pieuse avidité depuis le rétablissement de l'apostolat catholique dans l'Extrême-Orient, particulièrement en 1831 et 1838, par nos missionnaires en Corée, il était permis de supposer que, malgré les terribles et persistantes rigueurs déployées pendant deux siècles et demi contre les adorateurs du vrai Dieu, tout vestige du christianisme n'avait pas disparu du Japon, et qu'un jour peut-être, s'il était possible de pénétrer dans l'intérieur du pays au delà des ports ouverts aux Européens, on retrouverait, cachées sous la cendre épaisse des superstitions païennes, quelques étincelles de la foi véritable ([1]). »

Ce fut au Père Petitjean que la Providence réserva l'incomparable honneur et l'ineffable joie d'être l'instrument de cette découverte.

Il a raconté dans des pages émouvantes comment il fut mis sur les traces de cette Église chrétienne que l'on croyait complètement anéantie.

« Un mois à peine s'était écoulé depuis la bénédiction de l'église de Nagasaki. Le 17 mars 1865, vers midi et demi, une quinzaine de personnes se tenaient à la porte de l'église. Poussé sans doute par mon bon ange, je me rends auprès d'elles et leur ouvre la porte. J'avais à peine eu le temps de réciter un *Pater* que trois femmes de cinquante à soixante ans s'agenouillent près de moi et me disent, la main sur la poitrine et à voix basse :

« — Notre cœur à nous tous qui sommes ici ne diffère point du vôtre.

« — Vraiment ! mais d'où êtes-vous donc ?

« Elles me nomment leur village et ajoutent :

« — Chez nous, presque tout le monde nous ressemble.

______

1. Lettre pastorale de Mgr l'évêque d'Autun.

« Soyez béni, ô mon Dieu ! pour tout le bonheur dont mon âme fut alors inondée. Quelle compensation des cinq années d'un ministère stérile ! A peine nos chers Japonais se sont-ils ouverts à moi qu'ils se laissent aller à une confiance qui contraste étrangement avec les allures de leurs frères païens. Il faut répondre à toutes leurs questions, leur parler de *O Deous sama, O Yaso sama, santa Maria sama*, noms par lesquels ils désignent Dieu, Notre-Seigneur Jésus-Christ, la sainte Vierge. La vue de la statue de Notre-Dame avec l'Enfant-Jésus leur rappelle la fête de Noël, qu'ils ont célébrée au onzième mois, m'ont-ils dit. Ils me demandent si nous ne sommes pas au dix-septième jour du temps de tristesse (carême). Saint Joseph ne leur est pas non plus inconnu ; ils l'appellent : le père adoptif de Notre-Seigneur : *O Yaso samano yo fou.* Au milieu des questions qui se croisaient, un bruit de pas se fait entendre ; tous aussitôt de se disperser. Mais dès que les nouveaux arrivants sont reconnus, tous accourent en riant de leur frayeur.

« — Ce sont des gens de notre village, ils ont le même cœur que nous.

« Il fallut pourtant se séparer afin de ne pas éveiller les soupçons des officiers dont je redoutais la visite. »

*
* *

Le jeudi et le vendredi saints, 13 et 14 avril, quinze cents personnes visitent l'église de Nagasaki ; le presbytère est envahi ; les fidèles en profitent pour satisfaire en secret leur dévo-

tion devant les crucifix et les statues de la sainte
Vierge. Les premiers jours de mai, les missionnaires apprennent l'existence de deux mille cinq
cents chrétiens disséminés dans le voisinage de
la ville. Le 10, les chrétiens viennent en si grand
nombre que, pour les soustraire au danger d'être
reconnus par les satellites, on doit fermer l'église
une partie de la journée.

« Le 15 mai, écrit le P. Petitjean, arrivent les
députés d'une île peu éloignée d'ici. Après un
court entretien, nous les congédions, ne gardant
auprès de nous que le catéchiste et le chef de la
pieuse caravane. Le catéchiste, nommé Pierre,
nous donne les plus précieux renseignements.
Disons d'abord que sa formule de baptême ne
diffère pas de la nôtre et qu'il la prononce très
distinctement. Il reste encore, affirme-t-il, beaucoup de chrétiens dans tout le Japon, un peu
partout. Il me cite, en particulier, un point où
sont groupées plus de mille familles chrétiennes.
Il nous interroge ensuite sur le grand chef du
royaume de Rome, dont il désire savoir le nom.
Lorsque nous lui disons que l'auguste vicaire de
Jésus-Christ, le saint pontife Pie IX, sera bien
heureux d'apprendre les consolantes nouvelles
que lui et ses compatriotes chrétiens viennent de
nous donner, Pierre laisse éclater toute sa joie.
Et néanmoins, avant de nous quitter, il veut
s'assurer encore si nous sommes bien les successeurs des anciens missionnaires.

« — N'avez-vous point d'enfants? nous deman-
de-t-il d'un air timide.

« — Vous et tous vos frères chrétiens et païens
du Japon, voilà les enfants que le bon Dieu nous

a donnés. Pour d'autres enfants, nous ne pouvons pas en avoir ; le prêtre doit, comme vos premiers apôtres, garder toute sa vie le célibat.

« A cette réponse, Pierre et son compagnon inclinent leur front jusqu'à terre en s'écriant :

« — Ils sont vierges. Merci! merci! »

Le lendemain, tout un village chrétien demandait la visite des missionnaires, et deux jours après six cents autres chrétiens envoyaient à Nagasaki une députation de vingt personnes. Au 8 juin, vingt-cinq chrétientés étaient connues des missionnaires et sept baptiseurs s'étaient mis en relation directe avec eux.

« Ainsi, en l'absence de tout secours extérieur, sans les sacrements, sauf le baptême ; par l'action de Dieu d'abord, puis grâce à la fidèle transmission dans les familles des enseignements et des exemples des chrétiens et des martyrs japonais des seizième et dix-septième siècles, le feu sacré de la foi véritable, ou du moins une étincelle encore ardente de ce feu était demeurée dans un pays tyrannisé par le gouvernement le plus despotique et le plus hostile à la religion chrétienne!!! Il n'y avait donc qu'à souffler sur cette étincelle et à en ranimer la flamme pour réaliser une fois de plus le vœu exprimé par le Sauveur : « Je suis venu apporter le feu sur la terre, et que veux-je, sinon qu'il s'allume ? »

Ce fut là, on peut le dire, l'œuvre la plus importante et aussi la plus ardue de M. Petitjean ; le succès exigeait beaucoup de patience, de travail et de prudence.

Il fallait, en effet, au milieu de difficultés et de périls de toutes sortes, dissiper les doutes des chrétiens, rassurer leurs timidités, fixer leurs hésitations, contenir les ardeurs imprudentes, éloigner les dangers d'une persécution menaçante et préparer les fidèles au combat et au martyre. Tout cela, le P. Petitjean l'entreprit et le réalisa avec un rare bonheur.

CHAPITRE XXVIII.

Épiscopat de Mgr Petitjean. Persécution.

CEPENDANT, les événements de Nagasaki n'avaient pu demeurer entièrement secrets. Pie IX en avait été le premier confident. Le grand Pape, en apprenant ces détails, n'avait pu retenir des larmes de bonheur.

La Providence avait clairement indiqué l'instrument qu'elle avait choisi pour faire sortir du tombeau l'Église du Japon, les hommes ne pouvaient qu'accepter ce choix avec joie et empressement. Le P. Petitjean fut nommé, en mai 1866, évêque de Myriophite et vicaire apostolique du Japon. Après avoir découvert les descendants des martyrs du dix-septième siècle, il allait les gouverner. Le sacre eut lieu à Hong-Kong, en octobre de la même année.

De retour dans sa mission, Mgr Petitjean, aidé de ses anciens et nouveaux collaborateurs, se remit à l'œuvre, et déjà plusieurs milliers de chrétiens avaient été préparés à la réception des sacrements, quand éclata la persécution (novembre 1867).

Les néophytes furent en butte à des vexations de toutes sortes ; des milliers d'hommes et de femmes furent emprisonnés ou exilés, plusieurs centaines moururent de misère.

Au mois d'avril et au mois de juin 1868, deux édits impériaux proscrivirent la religion de Jésus-Christ, promirent un salaire aux délateurs et prononcèrent de rigoureux châtiments contre les chrétiens.

Le premier décret était ainsi conçu :

« Comme l'abominable religion des chrétiens est sévèrement prohibée, chacun sera obligé de dénoncer aux autorités compétentes toutes les personnes qui lui paraîtront suspectes ; une récompense lui sera accordée pour ce fait.

« Taiseicouan. »

Quatrième année keio, troisième mois
(Du 24 mars au 22 avril 1868.)

Cet édit fut affiché aux portes de Yokohama, ville située sur la baie d'Yedo, et qui était la résidence des ministres étrangers.

Au mois de juin parut le second décret :

Décret du dix-huitième jour du cinquième mois intercalaire (8 juin).

« Quoique la secte des chrétiens ait été, il y a déjà plusieurs siècles, très rigoureusement persécutée par le gouvernement de Bankfon, elle n'a pas été totalement exterminée. C'est pourquoi, le nombre des disciples de la doctrine chrétienne, ayant récemment pris un accroissement considérable dans le village d'Ourakami, près de Nagasaki, village dont les habitants y adhèrent secrètement, après mûre réflexion, il a été ordonné par la plus haute autorité que les chrétiens seraient mis en prison. »

Au mois de novembre, cent chrétiens furent enlevés de l'île de Firando ; on les plongea dans l'eau glacée pour les déterminer à apostasier, la plupart demeurèrent fermes dans la foi.

D'octobre 1869 à janvier 1870, 4,500 chrétiens furent enlevés d'Ourakami et des îles Goto.

Des navires furent chargés de prisonniers, toutes les familles furent divisées ; les hommes transportés isolément ; les femmes et les filles vendues pour l'esclavage ; le produit de cette vente fut destiné au paiement des indemnités dues aux Européens.

Les enfants qui ne pouvaient suivre leurs parents étaient foulés aux pieds jusqu'à la mort *(trampled to death)* : leurs parents n'avaient pas la permission de les relever et de les emporter. (*Chenese Telegraph*, 4 août 1870.)

Les prisonniers recevaient à peine le quart des aliments nécessaires à leur nourriture.

La vallée d'Ourakami fut changée en désert.

Mais ce n'était pas en vain que les chrétiens avaient pour ancêtres les martyrs du dix-septième siècle ; leur courage ne faillit point, et le Souverain-Pontife Pie IX, répondant aux lettres des fidèles de la vallée d'Ourakami et des élèves du séminaire, pouvait en toute vérité écrire ces paroles à Mgr Petitjean.

« Ce n'est pas sans un transport doux à notre cœur que nous avons reçu ces lettres. Il y brille, en effet, une foi si ferme, un si puissant amour

de la religion, des sentiments si vifs de reconnaissance pour le bienfait de la doctrine évangélique,
tant de soumission à cette chaire de Pierre, tant
de grandeur d'âme, que non seulement l'affliction causée à notre cœur par vos infortunes en
est effacée, mais que nous sommes encore forcé
de rendre grâces à Dieu pour le grand don de
force fait à ces chrétiens. Nous félicitons donc
ces bien-aimés fils de ce qu'au début même de
leur entrée publique dans la foi, ils ont été jugés
dignes de souffrir l'opprobre pour le nom de
Jésus ; nous les félicitons de ce qu'ils ont parfaitement compris que la vie de l'homme sur la
terre est un combat ; de ce qu'ils se sont sou-
venus que leur divin Maître a dit à ses disciples :
« S'ils m'ont persécuté, ils vous persécuteront
aussi », et qu'il leur a prescrit à chacun de porter
sa croix et de le suivre ; mais surtout nous les
félicitons de ce qu'ils sont bien persuadés que
ceux-là sont heureux qui sont persécutés par les
hommes pour le nom du Seigneur, de ce qu'ils
sentent qu'ils doivent se réjouir parce que leur
récompense sera grande dans le ciel. »

L'orage ne se dissipa qu'en 1873. A partir de
ce moment, le gouvernement japonais se montra
disposé à la tolérance. Mgr Petitjean sut profiter
de ces bonnes dispositions. Il s'empressa d'orga-
niser la mission, d'établir partout des prêtres, de
construire des églises, d'ouvrir des écoles ; la
tâche était rude, la mission était à son début, les
missionnaires, presque tous, étaient des nouveaux
venus, les ressources manquaient. L'œuvre de la
Propagation de la Foi alloua d'abondants secours,
et le Séminaire de Paris envoya de nombreux

ouvriers pour faciliter l'administration et l'évangélisation de cette mission si importante et si étendue. Afin d'aider les prêtres dans leurs œuvres de charité, Mgr Petitjean appela au Japon des religieuses de Saint-Maur et des religieuses du Saint-Enfant-Jésus de Chauffailles.

Vers la fin de l'année 1875, il vint en Europe demander au Saint-Siège la division de sa mission en deux vicariats, ce qui eut lieu sous le nom de Japon méridional et de Japon septentrional.

*
* *

Mgr Osouf fut nommé vicaire apostolique de cette dernière mission, et sa sollicitude créa des œuvres importantes qu'il résumait en ces termes :

1° L'extension du ministère des missionnaires ambulants. En dehors des districts administrés par les missionnaires à résidence fixe, les diverses provinces composant le vicariat sont maintenant distribuées entre huit confrères, qui les visitent et commencent à les cultiver, autant que le permettent les circonstances. A l'exception du Yeso, dont l'intérieur et le nord surtout sont encore à peu près inaccessibles, mais où la population est, du reste, très clairsemée, presque toutes ces provinces vont recevoir, cette année, au moins un commencement d'exploration.

2° La création d'une école de catéchistes.

3° La publication d'un journal catholique en japonais. Ce journal paraît depuis le 1er mai ; il est bi-mensuel. Aucune feuille japonaise ne peut être publiée sans l'autorisation du gouvernement. Cette autorisation a été accordée à la seule condition que le journal ne s'occuperait pas de politique. La chose étant déjà dans nos principes, la condition était facile à accepter.

4° L'installation des Sœurs de Saint-Paul de Chartres dans leur établissement de Tokio, dont j'annonçais la fondation, il y a un an. C'est le vendredi du Sacré-Cœur que les Sœurs ont débarqué et ont pris possession de leur maison ; j'en fis la bénédiction ce même jour, à leur entrée. Elles y ont ouvert une école, un orphelinat et une pharmacie.

« Malheureusement, a écrit un missionnaire, le catholicisme a des ennemis nombreux, et s'il n'a plus aujourd'hui à combattre comme autrefois les combats sanglants, il doit lutter contre les protestants, les hérétiques russes et plus encore peut-être les bonzes qui, au moyen de vieilles calomnies renouvelées, réussissent à empêcher les masses de se tourner vers l'Église de Dieu.

« Le grand moyen, le principal moyen employé par les sectaires et les ennemis de tout caractère et de toute nuance, contre la propagation du christianisme, c'est la presse. La presse, voilà quelle est aujourd'hui, ici autant au moins qu'en Europe, la véritable puissance. Tout le monde lit, et chacun, surtout depuis que la forme du gouvernement est devenue constitutionnelle, a plus que jamais la prétention de se rendre compte et de juger de tout par lui-même.

« Un événement, en ce genre, du côté de nos adversaires, a été l'apparition d'un ouvrage estimé d'abord par plusieurs d'entre nous comme de nulle valeur, mais qui, de fait, a obtenu dans l'espace de quelques semaines un succès immense. C'est qu'en effet le livre contient, écrit dans un style entraînant et presque irrésistible, tout ce qu'il y a dans l'esprit et dans le cœur des Japonais, anciens et nouveaux, contre le christianisme et les étrangers.

« L'auteur, du reste, Inoue Tetsujiro, se trouvait dans les conditions les plus favorables pour réussir. Élevé en Allemagne, à Berlin, ville connue pour son impiété, il en est revenu parlant trois langues européennes, avec le titre de docteur en philosophie. A son retour, nommé professeur à l'Université impériale de Tokio, il s'y applique à revêtir le panthéisme bouddhique des formes de la philosophie allemande. Outre la faveur dont il jouit par là auprès du vieux parti national, on peut croire encore qu'il obéit à d'autres influences, car il emprunte trop exactement les accusations et les locutions mêmes de la franc-maçonnerie, pour n'avoir pas eu quelque accointance avec la secte. Son grand renom de science et sa haute situation lui assuraient d'avance et crédit et autorité dans tout le pays. Il était donc l'homme tout désigné pour cette entreprise d'un nouveau genre contre la religion chrétienne.

« Son but est de démontrer, ou même de faire croire que le christianisme est contraire au bien du pays et de la famille au Japon. Pour cela, il établit d'abord que jusqu'ici l'empire du Japon a reposé sur la foi aux dieux fondateurs de la nation et sur le culte religieux des ancêtres. Par conséquent le christianisme, qui propose au peuple japonais un autre Dieu, enlève ou détruit directement le fondement même de l'empire.

« La vraie religion du peuple japonais, d'après Inoue, c'est le patriotisme ; sa morale est toute dans la fidélité au souverain et l'obéissance aux parents ; et le but de l'une et de l'autre, c'est le maintien de la dignité nationale et la prospérité de la famille et de la nation. Le christianisme proposant à l'homme un autre but, le distrait de l'amour qu'il doit à son pays et à sa famille, et donne à ses actions une fin idéale chimérique. Donc un homme de bon sens et qui aime son pays, ne peut être en même temps Japonais et chrétien.

« L'auteur s'efforce d'appuyer cette thèse absurde par tous les sophismes que peuvent lui fournir ses observations et ses lectures. Il allègue, en particulier, l'état de décadence où il a vu le catholicisme en Europe, l'abandon et le mépris dont il est l'objet de la part des classes élevées et instruites, l'incompatibilité de la religion avec les données expérimentales de la science, l'infériorité du clergé au point de vue du mouvement intellectuel, la corruption et l'immoralité en Europe, malgré le christianisme, les obstacles apportés par l'Église au progrès de la civilisation humaine, les rigueurs tyranniques de l'Inquisition, le procès de Galilée, les entraves mises par la foi à la liberté de la pensée, l'absence d'enseignement patriotique dans l'Évangile, plusieurs passages en opposition (apparente) avec le respect dû aux parents, et tout le reste qu'on trouve dans les livres impies d'Europe ; en tout environ deux cents objections ou accusations entassées sans preuves, avec une rapidité et une chaleur de langage incroyables ;

et chaque tirade se terminant par la même conclusion : « donc le christianisme est contraire au
bien de la famille et du pays ».

« A cette lecture irritante, l'esprit du lecteur se
passionne avec l'auteur et prend aussi parti avec
lui contre le christianisme : « Voilà l'ennemi,
voilà l'ennemi ! » C'est là ce qui, avec les dispositions particulières des Japonais, explique le
succès extraordinaire de ce livre. Aussi, avant
même que la réfutation ait pu en être publiée,
deux nouvelles attaques ont déjà été dirigées
dans le même sens ; et, à n'en pas douter, d'autres suivront !

« Tels sont les efforts des partisans du vieux
paganisme japonais. Les protestants et les hérétiques russes travaillent de leur côté contre le
catholicisme, ils ont des écoles, des hôpitaux,
ils ont de l'or pour acheter des âmes ; oh ! en
face de cette lutte sans trêve, de tout notre
cœur crions vers le ciel pour lui demander de
soutenir et de protéger nos missionnaires. »

CHAPITRE XXIX.

Catéchistes.— Chrétiens apôtres.— Statistiques.
Souhaits au Japon.

LES efforts des ennemis du christianisme
sont heureusement parfois impuissants.
Qu'on nous permette de citer à ce sujet quelques traits édifiants, puisés dans les lettres des
missionnaires.

Un jour un missionnaire se rend dans un village, à Schemando, pour instruire des catéchumènes. A peine était-il arrivé à dix heures du soir, par une nuit des plus noires et une pluie torrentielle, que le couvent des bonzes, situé à plus d'une lieue de là, en avait connaissance, et préparait une lettre pastorale pour prévenir le peuple contre le danger qui le menaçait. Dès le lendemain matin, la lettre fut portée de maison en maison, lue à tous les membres de la famille réunis, et enrichie chaque fois de force commentaires par le porteur. Non seulement c'était un tissu de calomnies, mais encore des prophéties menaçantes où l'on vouait à la colère des dieux protecteurs du Japon, tous ceux qui oseraient entrer en relations avec le missionnaire.

Malgré ces menaces, les catéchumènes se hâtèrent de témoigner à celui-ci leur vif désir de s'instruire et de recevoir le baptême. Après les travaux de la journée, ils venaient étudier le catéchisme, récitaient ensuite la prière du soir en commun et ne se retiraient qu'après minuit.

Les tracasseries de toutes sortes auxquelles ils furent en butte pendant ce temps ne les découragèrent pas, et ils finirent même par se débarrasser entièrement de tous les préjugés qu'ils avaient sucés avec le lait contre la sainteté de la religion de Jésus.

Le jour du baptême étant proche, il fut décidé qu'ils détruiraient tous les objets de superstition qu'ils avaient encore et ils s'y soumirent volontiers. A cette nouvelle les tracasseries se changent en véritable persécution. Le maire convoque tous les chefs de famille du village et cite les catéchumènes à son tribunal : il les somme alors d'apostasier, sous peine de voir tous leurs biens confisqués et d'être condamnés à l'excommunication civile. Tous répondent sans hésiter que, « bien qu'ils n'aient pas encore reçu le baptême, ils sont déjà chrétiens de cœur, et qu'ils ne changeront pas, lors même que l'on devrait les en punir de mort ».

Ces citations se renouvelèrent plusieurs jours de suite, amenant chaque fois de nouvelles vexations et de nouveaux désordres. Pendant ce temps, les catéchumènes s'exhortaient mutuellement à la fidélité, et leur ferveur ne faisait que s'accroître.

Un jour, le plus ancien d'entre eux, vieillard de 62 ans, adresse à la petite communauté le discours suivant : « Puisque nos parents et nos amis nous rejettent, formons une nouvelle famille. Persécutés pour la même cause, réunissons nos efforts pour nous soutenir les uns les autres. Soyons unis désormais ; et, dans les peines comme dans les joies, n'ayons tous qu'un cœur et qu'une âme. Confiant dans le secours de la grâce et l'assistance de notre divin Maître, gardons-nous bien de nous décourager et de reculer devant des misères qui n'auront qu'un temps. J'ignore quels sont les sentiments de votre âme ; mais pour mon compte, je vous déclare que, loin de m'intimider, toutes ces persécutions ne font qu'enflammer mes désirs et m'exciter davantage. Si votre cœur, à vous non plus, n'a pas changé, et si, malgré la guerre qui nous est déclarée, vous êtes disposés à persévérer jusqu'à la fin dans vos bonnes dispositions, affermissons notre courage par un engagement solennel ; et, puisqu'on veut nous forcer à renier Jésus-Christ, prions tous ici de lui rester fidèles et d'être prêts à tous les sacrifices plutôt que de l'abandonner.

La formule du serment fut à l'instant rédigée, sur la proposition de ce vénérable et généreux athlète ; les hommes y apposèrent leur sceau ; quant aux femmes, elles se piquèrent le doigt avec une aiguille et signèrent de leur sang.

*
* *

Un des moyens les meilleurs pour opérer les conversions est assurément d'employer les catéchistes.

J'ai recueilli nombre de fois les regrets attristés des missionnaires à ce sujet a écrit à ce sujet M. l'abbé Marnas vicaire général honoraire d'Osaka ; « en traversant la province de Mino, « me disait l'un d'eux, j'ai trouvé une population « bien disposée. Elle me suppliait de rester près « d'elle et de l'instruire, me laissant entendre « qu'elle se convertirait. Quoique j'en eusse l'âme « déchirée, j'ai dû partir, pour me trouver le len- « demain à 50 lieues de là. Je ne pus lui laisser « d'autre espoir, que celui de me voir revenir « après plusieurs mois. Si j'avais eu un catéchiste « disponible, je l'aurais installé là et à mon pro- « chain voyage, j'aurais sûrement trouvé tout un « petit troupeau, chrétien déjà par ses croyances « et soupirant après le baptême. »

« De tous les côtés on m'appelle, m'écrivit un « autre, du bas Yamato, des villes qui sont au

« bord de la mer. Un homme haut placé d'Iwasa,
« parent d'un de nos chrétiens de Wakayama,
« m'a invité à plusieurs reprises, m'assurant de
« son concours. Mais le peu d'argent que j'ai ne
« me suffit même pas pour les deux stations
« déjà établies de Wakayama et de Kishiwada,
« et chaque mois voit s'augmenter mes dettes. »

Et lorsque, cherchant à connaître séparément
les avis, je disais à quelque missionnaire: «Sup-
« posez que, rentré en Europe, je puisse vous
« trouver des ressources, quel usage en feriez-
« vous ? Construiriez-vous une église à la place
« de votre oratoire domestique ? Ouvririez-vous
« une école pour les enfants de vos chrétiens,
« réduits à s'instruire chez les païens ? Ou bien
« fonderiez-vous un modeste hôpital, ou quelque
« autre œuvre charitable, dans le but de montrer
« les bienfaits du catholicisme et de toucher les
« cœurs ? » — « Non », me répondaient-ils tous;
« cet argent, nous l'emploierions à augmenter le
« nombre de nos catéchistes. Le protestantisme
« est menaçant ; avant tout faisons des catho-
« liques ; avant tout, construisons une église
« spirituelle. Il en est temps encore ; le reste
« viendra plus tard. »

*
* *

Près des catéchistes, les secondant et souvent
leur ouvrant la voie, sont les simples chrétiens,
qui, par leur ferveur, leur habileté, leur zèle,
amènent à l'Église de Dieu un grand nombre de
leurs compatriotes.

Parmi ces apôtres improvisés, raconte un missionnaire, Louis Asacoura mérite une mention

toute spéciale. « Par sa situation de fortune, par ses titres d'ancien conseiller-général et d'inspecteur des écoles, mais surtout par sa conduite irréprochable et son amour pour la religion, il jouit dans la chrétienté d'une influence prépondérante. En face du missionnaire, c'est le plus humble et le plus soumis des chrétiens ; on le dirait presque timide. Mais qu'il se trouve mêlé à une discussion religieuse avec des païens, des schismatiques russes ou des protestants, c'est un autre homme ; il faut qu'il combatte jusqu'à ce qu'il ait remporté une victoire incontestée, et cela, non pas pour le plaisir de vaincre, mais par amour pour la vérité. Ses contradicteurs se sont plaints quelquefois de l'énergie de ses réponses : « Ou se faire chrétien ou rester barbare », c'est un dilemme humiliant.

Louis Asacoura aura bientôt trente ans ; son vieux père, chrétien fervent, vit encore ; les membres de sa famille partagent sincèrement les sentiments de leur chef. Sa fille unique vient d'entrer chez les Sœurs de Saint-Paul de Chartres de Tokio, à titre de postulante.

« Voilà notre orateur de tous les soirs ; il se présente avec son cahier de notes, qu'il enrichit tous les jours de quelque nouvelle comparaison ; il parle sur le catéchisme pendant une bonne demi-heure ; et cela avec toute la gravité et la conviction d'un Père de l'Église. »

C'est lui aussi qui a eu l'initiative des conférences publiques, inaugurées en mai dernier, en faveur des savants et des fonctionnaires du gouvernement. Ceux-ci croiraient s'abaisser en venant étudier la religion à la mission, mais ils se rendent volontiers à une réunion où l'on parle science et où l'on paie. Le progrès par la religion, tel est notre programme. Cinq ou six orateurs se succèdent à la tribune. Pendant la séance, qui dure trois heures, ils développent leurs thèses et sont applaudis ou hués, absolument comme à la Chambre des députés. Les mots « bien » et « non » un peu défigurés, ont même passé dans la langue japonaise.

Lors de notre première séance, la salle contenait près de cinq cents personnes.

En cette circonstance, Louis Asacoura a paru au premier rang, et les jaloux qui n'ont pas voulu reconnaître son succès, ont du moins fait l'éloge de son talent.

C'est dans la demeure de ce fervent chrétien, que, le 10 août, un beau vieillard de 77 ans, du nom d'Iwazaki, a reçu le baptême. Ce vieillard, savant japonais, tout en louant les ouvrages des philosophes japonais et chinois, trouvait leur doctrine incomplète : « Enseigner le chemin de la vertu, détourner du vice, c'est beau, disait-il, mais cela ne suffit pas ; il faudrait aussi enseigner à obtenir le pardon des péchés que l'on a commis, et moi, j'ai commis des fautes et je ne sais que faire. » Convaincu de la vanité de toutes ces doctrines, il avait cessé tout culte à l'égard des faux dieux, mais il ne trouvait point la paix dans son âme et cherchait toujours la vérité.

Un jour son fils lui apporta de Yokohama des ouvrages parmi lesquels des livres protestants, entre autres le Nouveau-Testament. Il le lit, le dévore, découvre la vérité, et s'étonne de ce que la doctrine contenue dans ce livre n'est pas préchée au Japon, attendu qu'elle est la seule vraie. Bientôt il apprend qu'une église existe à Môbara, mais il ne peut y croire, quand enfin un de ses amis de Tserumai, un vieillard aussi, lui fait savoir qu'il a embrassé le christianisme.

Dès lors Iwazaki redouble de zèle pour s'instruire, et, sur la nouvelle du passage des Pères Vigroux et Cadilhac à Tserumai, il accourt à pied, à travers d'affreuses montagnes (en esprit de pénitence il avait refusé de monter à cheval) pour venir chercher le baptême.

Les chrétiens enchantés furent pleins d'attention pour lui. Le vieillard surpris leur disait : « Mais c'est bien ici une réunion d'amis. » Les chrétiens répondaient en souriant : « Mieux que cela, c'est une réunion de frères ; ne disons-nous pas : « Notre Père, qui êtes aux cieux?... » Les chrétiens se disputèrent l'honneur de préparer ce vieillard au baptême. Il l'a reçu avec un recueillement qui fit l'admiration de tous. A peine baptisé, il faisait déjà des projets d'apôtre, qu'il commence à réaliser. »

Ces récits ne nous prouvent-ils pas que l'Église actuelle du Japon est digne de son aînée ? Léon XIII en a ainsi jugé en y établissant la hiérarchie et en y créant un archevêché à Tokio et trois évêchés à Nagasaki, Osaka et Hakodoté.

Aujourd'hui le Japon compte sous la direction de cet archevêque et de ces trois évêques 95 missionnaires, 18 prêtres indigènes, 48,000 chrétiens.

Des religieuses de St-Paul de Chartres, du St-Enfant-Jésus de Chauffailles, de St-Maur sont allées sur cette terre porter le parfum de leurs dévouements et y établir des écoles, des orphelinats, des ouvroirs, des hôpitaux, en un mot toutes les œuvres qui sont l'honneur de la charité catholique.

Puissent les efforts de tant de nobles âmes être couronnés de succès, et le Japon qui, aujourd'hui, marche en Extrême Orient à la tête de la civilisation matérielle, être également le premier peuple à reconnaître le Dieu trois fois saint, source unique de la véritable civilisation.

TABLE DES MATIÈRES.

Imprimé par Desclée, De Brouwer et Cie.